Magie wiccan

Embrassez le métier : sorts et rituels Wiccan pour la manifestation et la transformation

Sebastian Blisscolors

Table des matières

Introduction

Introduction

Bienvenue dans le monde de la Wicca, un chemin spirituel profondément enraciné dans la sagesse ancienne du monde naturel. Dans "Wiccan Spellcraft: Embrace the Craft - Wiccan Spells and Rituals for Manifestation and Transformation", nous nous embarquons dans un voyage de découverte et d'autonomisation, explorant le royaume enchanteur des sorts et des rituels Wiccan.

La Wicca, souvent appelée « l'Artisanat », est une religion païenne moderne basée sur la nature qui célèbre le caractère sacré de la Terre et de ses cycles. Il honore l'interconnectivité de tous les êtres vivants et cherche à exploiter les énergies de l'univers pour manifester un changement positif dans la vie. À la base, la Wicca est une voie d'harmonie, de respect et de vénération pour la nature, ce qui en fait une source de réconfort spirituel et d'autonomisation pour d'innombrables pratiquants du monde entier.

Cet ebook est votre passerelle vers le monde captivant de la magie Wiccan. Que vous soyez un Wiccan chevronné cherchant à approfondir sa pratique ou un nouveau venu curieux désireux d'explorer l'artisanat, vous trouverez des informations précieuses, des conseils pratiques et une richesse de connaissances dans ces pages.

Notre voyage commence par une plongée dans les principes fondamentaux de la Wicca. Nous explorerons ses origines, son éthique ainsi que les outils et symboles essentiels qui constituent le fondement de la pratique wiccan. Vous apprendrez à créer un espace sacré, à purifier votre énergie et à choisir les moments optimaux pour les sorts et les rituels.

Au fur et à mesure de votre progression, vous acquerrez une compréhension approfondie du lancement de sorts, de la création de vos propres sorts à l'exploitation du pouvoir de l'intention et de la visualisation. Nous plongerons dans les subtilités de la création de cercles, du travail avec les éléments, ainsi que de la levée et de la direction de l'énergie, une compétence cruciale pour tout aspirant Wiccan.

Mais cet ebook est plus qu'une simple introduction à la théorie et à la pratique Wiccan. C'est un guide pratique pour vous guider à travers les royaumes enchanteurs de la manifestation et de la transformation. Vous découvrirez des instructions étape par étape pour lancer des sorts qui vous aideront à manifester vos désirs et à entreprendre une profonde croissance personnelle et une guérison.

Nous explorerons également la riche tapisserie des célébrations Wiccan, y compris les sabbats et les esbats, et vous proposerons des exemples de rituels pour vous connecter aux cycles de la nature et aux mystères de la lune.

Tout au long de ce voyage, nous soulignerons l'importance de la pratique éthique, de la responsabilité et du respect du réseau interconnecté de la vie. La Wicca est un chemin d'équilibre et d'harmonie ; nous explorerons comment le parcourir avec intég rité.

Ainsi, que vous recherchiez l'amour, l'abondance, la guérison ou la croissance spirituelle, cet ebook vous invite à adopter l'artisanat et à vous lancer dans un voyage transformateur vers la manifestation de vos désirs et l'établissement d'une connexion plus profonde avec le monde naturel. Êtes-vous prêt à percer les secrets de la magie Wiccan et à vous lancer sur le chemin de l'autonomisation et de l'illumination ? Commençons.

Chapitre I : Comprendre la Wicca

Qu'est-ce que la Wicca ?

La Wicca, souvent appelée « l'Artisanat » ou « la Sorcellerie », est une religion païenne moderne basée sur la nature qui a émergé au milieu du 20e siècle. C'est un chemin spirituel qui célèbre l'interdépendance de tous les êtres vivants et cherche à s'harmoniser avec le monde naturel. Même si la Wicca a une histoire relativement courte par rapport à d'autres religions, elle a gagné en popularité et a attiré un groupe diversifié de pratiquants dans le monde entier.

À la base, la Wicca tourne autour de la vénération de la nature et des cycles de la Terre, s'inspirant d'anciennes croyances et pratiques païennes. De nombreux wiccans se considèrent comme des sorcières et leurs rituels impliquent souvent l'utilisation de sorts, de charmes et de divination pour se connecter avec le divin et manifester leurs intentions.

L'un des principes centraux de la Wicca est la croyance en une présence divine dualiste souvent représentée par le Dieu et la Déesse. Ces divinités sont associées à divers aspects de la nature et leur culte constitue la pierre angulaire de la spiritualité wiccan. La Déesse est souvent liée à la Lune, à la féminité et à la fertilité, tandis que le Dieu est associé au Soleil, à la masculinité et à la nature.

Les wiccans adorent généralement ces divinités sous diverses formes, adaptant leurs pratiques à leurs croyances et préférences personnelles. Certains choisissent de travailler avec des divinités spécifiques issues de diverses mythologies, tandis que d'autres se concentrent sur un respect plus général du divin représenté par le Dieu et la Déesse. Cette flexibilité permet à la Wicca d'être une voie spirituelle hautement individualiste et éclectique.

Les rituels et célébrations wiccans sont étroitement liés aux cycles de la nature, marquant les changements de saisons et de phases lunaires. La Roue de l'Année, un calendrier de huit sabbats, guide les Wiccans à travers leurs célébrations annuelles. Ces sabbats incluent Samhain, Yule, Imbolc, Ostara, Beltane, Litha, Lammas et Mabon. Chaque sabbat a sa signification, son symbolisme et ses rituels uniques, offrant aux wiccans des opportunités de se connecter avec le monde naturel et le divin.

Au cœur de la pratique wiccan se trouve la création d'un cercle sacré. Cet acte crée un espace consacré où les Wiccans peuvent accomplir leurs rituels, lancer des sorts et communier avec le divin. Le cercle agit comme une barrière protectrice, une frontière entre le banal et le sacré et un canal de manipulation énergétique. Des éléments tels que la terre, l'air, le feu et l'eau sont souvent invoqués et sollicités lors de la création du cercle, s'alignant sur l'idée que tous les éléments sont interconnectés.

Le lancement de sorts est un aspect important de la pratique wiccan. Les sorts sont des rituels conçus pour susciter des intentions spécifiques, telles que la guérison, la protection, l'amour ou la prospérité. Les wiccans croient qu'ils peuvent influencer le monde naturel pour manifester leurs désirs par le biais d'une intention ciblée, d'une visualisation et d'une augmentation de l'énergie. Même si la complexité et l'intention des sorts peuvent différer considérablement, ils sont toujours basés sur l'idée que la magie est une force innée qui peut être utilisée pour le bien.

La Wicca met également fortement l'accent sur l'éthique et la responsabilité. Le Wiccan Rede, une ligne directrice morale largement reconnue au sein de la communauté Wiccan, déclare : « Si cela ne fait de mal à personne, faites ce que vous voulez. » Ce principe encourage les Wiccans à considérer les conséquences potentielles de leurs actions et à rechercher l'innocuité de leurs opérations magiques. De nombreux wiccans croient également à la loi du triple retour, qui suggère que l'énergie mise dans un sort ou une action reviendra au triple au lanceur, renforçant ainsi l'importance d'un comportement éthique.

La Wicca est une religion diversifiée et inclusive qui accueille des pratiquants de tous horizons. Il n'est lié ni au sexe, ni à la race, ni à l'orientation sexuelle, et met fortement l'accent sur l'expérience personnelle et le lien direct avec le divin. Il existe des covens ou des groupes wiccans, mais de nombreux wiccans pratiquent également en solitaire, suivant leur propre chemin. Cet individualisme et cette autonomie sont des caractéristiques clés de la Wicca, permettant à chaque pratiquant d'adapter son cheminement spirituel à ses propres croyances et besoins.

En conclusion, la Wicca est une religion païenne moderne qui célèbre la nature, les cycles de la Terre et le divin en toutes choses. Il met l'accent sur le culte d'une divinité dualiste, la création de cercles sacrés, la pratique de la magie par le biais de sorts et l'observance des sabbats saisonniers. La Wicca est une religion qui promeut un comportement éthique, la responsabilité personnelle et la conviction que toutes les actions ont des conséquences. C'est un chemin qui favorise un lien profond avec le monde naturel et offre aux praticiens un sentiment d'autonomisation et d'épanouissement spirituel. Qu'elle soit pratiquée en groupe ou en solitaire, la Wicca offre un cadre flexible et inclusif à ceux qui recherchent un voyage spirituel profondément enraciné dans les rythmes de la Terre.

Contexte historique de la Wicca

Les origines historiques de la Wicca, une religion païenne moderne basée sur la nature, sont complexes et étroitement liées à diverses influences, ce qui en fait une tradition spirituelle relativement jeune mais riche et en évolution. Pour comprendre le contexte historique de la Wicca, il faut se plonger dans ses racines, qui remontent au milieu du XXe siècle et sont marquées par les contributions de plusieurs personnalités clés.

La Wicca a émergé à une époque de changement sociétal, d'exploration culturelle et de regain d'intérêt pour les pratiques anciennes et ésotériques. L'une des figures marquantes du développement de la Wicca était Gerald Gardner. Gardner, né en 1884 en Angleterre, est souvent reconnu pour avoir popularisé et formaliser les pratiques wiccanes. Il a affirmé avoir été initié à une tradition de sorcellerie survivante dans la région de New Forest en Angleterre et a ensuite publié plusieurs livres sur le sujet.

En 1954, Gardner a publié Witchcraft Today, un ouvrage révolutionnaire qui a présenté au monde l'idée d'une religion de sorcellerie moderne. Ce livre, ainsi que son ouvrage ultérieur « Le sens de la sorcellerie », décrivaient les croyances, les rituels et les pratiques wiccans, bien qu'avec un certain secret et un certain flou pour protéger ce qu'il considérait comme la connaissance sacrée de la tradition.

Même si Gardner est souvent célébré comme le père de la Wicca, il est essentiel de reconnaître qu'il n'a pas créé cette religion à partir de rien. Au lieu de cela, il a synthétisé divers éléments des traditions ésotériques et folkloriques existantes, ainsi que de ses propres expériences, pour former la base de ce que nous reconnaissons aujourd'hui comme la Wicca. Des éléments de magie cérémonielle, de sorcellerie populaire et des influences de personnalités comme Aleister Crowley et Margaret Murray ont contribué au développement de la Wicca.

Une autre figure influente dans le contexte historique de la Wicca est Doreen Valiente, souvent surnommée la « Mère de la sorcellerie moderne ». Valiente a collaboré avec Gardner et a considérablement affiné et développé les rituels et la liturgie wiccan. Ses contributions ont contribué à façonner la religion en un système plus cohérent et plus accessible.

À mesure que la Wicca gagnait en visibilité et en popularité au milieu du XXe siècle, elle connut un processus d'évolution et de diversification. Diverses traditions Wiccan ont émergé, chacune avec ses propres pratiques et croyances. Par exemple, la Wicca alexandrine, fondée par Alex Sanders et son épouse, Maxine Sanders, s'est appuyée sur la Wicca gardnerienne mais a introduit ses variations et ses innovations.

Tout au long des années 1960 et 1970, la Wicca a commencé à se répandre au-delà des frontières de l'Angleterre et à trouver son chemin vers l'Amérique du Nord. Raymond Buckland, un Anglais, a joué un rôle central dans la popularisation de la Wicca aux États-Unis. Buckland a publié « Witchcraft from the Inside » et a ensuite lancé la tradition américaine Seax-Wicca, adaptant les pratiques Wiccan à un nouveau contexte culturel.

Le contexte historique de la Wicca inclut également l'émergence de Wiccans éclectiques ou solitaires qui n'adhèrent à aucune tradition spécifique mais créent plutôt leurs pratiques individualisées. Cette diversité au sein de la communauté Wiccan
reflète l'adaptabilité de la religion et son ouverture à l'interprétation et à l'exploration personnelles.

Il est important de noter que la Wicca a été confrontée à son lot de controverses et de malentendus tout au long de son histoire. La « panique satanique » des années 1980 et 1990 a produit des représentations médiatiques sensationnelles de la Wicca comme une secte dangereuse et maléfique, ainsi que des accusations sans fondement. La Wicca est une religion pacifique basée sur la nature qui adhère au principe éthique de Wiccan Rede : « Si cela ne fait de mal à personne, faites ce que vous voulez. »

Au fil des années, des efforts ont été déployés pour dissiper les idées fausses sur la Wicca, et celle-ci est de plus en plus acceptée en tant que tradition religieuse légitime. Dans certains pays, la Wicca et d'autres pratiques païennes ont obtenu une reconnaissance et une protection légales en tant que religions légitimes, accordant à leurs adeptes les mêmes droits et privilèges que les adeptes de religions plus traditionnelles.

En conclusion, le contexte historique de la Wicca est une histoire d'évolution, d'adaptation et de fusion d'influences diverses. Du travail pionnier de Gerald Gardner aux contributions de personnalités comme Doreen Valiente et Raymond Buckland, la Wicca a évolué pour devenir une religion païenne contemporaine variée et dynamique. Ses racines remontent à des traditions anciennes et folkloriques, mais la Wicca est en grande partie un produit du XXe siècle, façonné par les courants culturels, sociaux et spirituels de son époque. Alors que la Wicca continue de croître et d'évoluer, elle reste un chemin spirituel unique et stimulant pour ceux qui recherchent une connexion plus profonde avec la nature et le divin.

Le Wiccan Rede et les lignes directrices éthiques

Les principes éthiques sont fondamentaux dans toute pratique spirituelle ou religieuse, fournissant une boussole morale aux individus pour guider leurs actions et leurs décisions. Dans la Wicca, une religion païenne moderne basée sur la nature, le Wiccan Rede est une ligne directrice éthique centrale, résumant le principe fondamental guidant le comportement wiccan : « Si cela ne fait de mal à personne, faites ce que vous voulez. » Cette section explore les origines et la signification du Wiccan Rede, approfondit le concept de comportement éthique dans la Wicca et examine comment les Wiccans appliquent ces principes dans leur vie quotidienne et leurs pratiques spirituelles.

Le Wiccan Rede, souvent prononcé comme « roseau », est une expression courte et poétique du noyau éthique de la Wicca. Bien qu'il semble concis et simple, ses implications sont profondes. L'expression « et cela ne nuira à personne » signifie que les wiccans doivent éviter de causer du tort ou des conséquences néfastes aux autres dans leurs actions, leurs choix et leurs opérations magiques. La dernière partie, « faites ce que vous voulez », met l'accent sur la liberté personnelle et l'autonomie dans les limites de l'innocuité. Essentiellement, cela encourage les individus à agir d'une manière qui correspond à leur véritable volonté ou à leur objectif supérieur, à condition que cela ne nuise pas aux autres.

Les origines du Wiccan Rede sont quelque peu insaisissables, avec des variations de l'expression apparaissant sous différentes formes à travers l'histoire. Certains affirment qu'elle trouve ses racines dans des traditions populaires plus anciennes, tandis que d'autres attribuent sa popularisation à Gerald Gardner, une figure clé du développement de la Wicca moderne. Quelles que soient ses origines précises, le Wiccan Rede est devenu une pierre angulaire de l'éthique wiccan et un principe directeur pour les praticiens.

Une interprétation du Wiccan Rede est qu'il incarne l'essence de la Règle d'Or, un principe moral présent dans diverses religions et philosophies, qui conseille de traiter les autres comme on souhaiterait être traité. Dans la Wicca, ce principe est étendu pour englober les êtres humains, toutes les créatures vivantes et le monde naturel. Cette perspective large reflète le respect païen pour la nature et l'interdépendance de toute vie.

Un aspect crucial de la compréhension du Wiccan Rede est de reconnaître que l'innocuité n'équivaut pas à la passivité ou à l'inaction. Les wiccans reconnaissent que parfois des actions qui peuvent sembler nuisibles à première vue peuvent être nécessaires à la légitime défense ou au bien commun. Dans de tels cas, les wiccans invoquent souvent le concept de « karma » ou de « loi du triple retour », qui suggère que l'énergie que l'on met dans le monde, qu'elle soit positive ou négative, revient triple à l'individu. Cette croyance souligne l'importance de considérer les conséquences de ses actes et de s'efforcer de maintenir un équilibre harmonieux dans l'univers.

Le comportement éthique dans la Wicca s'étend au-delà de la simple observance du Wiccan Rede. Il englobe un ensemble plus large de principes et de valeurs guidant les wiccans dans leurs interactions avec le monde et leurs pratiques spirituelles. Ces principes incluent le respect de la nature, le respect du divin en toutes choses et un engagement envers la croissance personnelle et la conscience de soi.

Le respect de la nature est un aspect fondamental de l'éthique wiccan, enraciné dans la conviction que la Terre est sacrée et mérite respect et protection. Les wiccans mettent souvent l'accent sur leur rôle de gardiens de l'environnement, en prônant des pratiques durables et un lien profond avec le monde naturel. Ce respect de la nature n'est pas seulement un impératif moral mais aussi spirituel, car de nombreux wiccans croient que le divin est immanent au monde naturel.

Un autre principe éthique de la Wicca est le concept de respect du divin en toutes choses. Les wiccans considèrent souvent le divin comme immanent, ce qui signifie qu'il est présent dans tous les aspects de la vie et du monde naturel. Cette perspective encourage une attitude de respect, de gratitude et de pleine conscience dans la vie quotidienne, car tout est considéré comme un reflet du divin.

La croissance personnelle et la conscience de soi sont également au cœur de l'éthique wiccan. Les wiccans croient en l'importance de l'auto-examen, de l'introspection et de l'apprentissage continu. Cet engagement envers le développement personnel s'aligne sur l'idée que le voyage spirituel est un processus de croissance et d'évolution qui dure toute la vie. Il encourage les individus à confronter leurs défauts et leurs limites, en s'efforçant de devenir de meilleures versions d'eux-mêmes.

L'éthique wiccan s'étend également à la manière dont les praticiens abordent leurs travaux magiques et leur lancement de sorts. Les wiccans comprennent que la magie est une force naturelle qui peut influencer le monde et ils assument la responsabilité des conséquences de leurs actions magiques. Cette responsabilité implique de prendre en compte les implications éthiques de leurs sorts et de s'assurer qu'ils s'alignent sur les principes d'innocuité et de respect du libre arbitre d'autrui.

Concrètement, comment les wiccans appliquent-ils ces principes éthiques dans leur vie quotidienne et leurs pratiques spirituelles ? Une solution passe par la pleine conscience et l'intentionnalité. Les wiccans prennent souvent le temps de réfléchir à l'impact potentiel de leurs actions, paroles et décisions, s'efforçant de faire des choix qui favorisent l'harmonie et le bien-être pour eux-mêmes et pour les autres. Cette attention s'étend à leurs opérations magiques, où ils examinent attentivement le but et les implications éthiques de chaque sort.

Les wiccans soulignent également l'importance du consentement et du respect du libre arbitre d'autrui. Les sorts d'amour, par exemple, sont un sujet controversé dans l'éthique wiccan car ils impliquent d'influencer les sentiments ou les actions d'une autre personne. De nombreux wiccans adhèrent à un code d'éthique strict en la matière, l'exécutant des sorts d'amour qu'avec le consentement éclairé et enthousiaste de toutes les parties impliquées. Ce principe s'étend à toutes les formes de travail magique pouvant affecter autrui.

Les considérations éthiques deviennent communes dans les contextes de groupe, tels que les conventions ou les cercles. Les Covens ont souvent leurs codes d'éthique et leurs règles que les membres sont censés suivre. Ces codes renforcent généralement les principes d'innocuité, de respect de la nature et de révérence pour le divin. Covens fournit également un système de soutien aux membres, offrant des conseils et une responsabilité en matière d'éthique.

En conclusion, le Wiccan Rede et les directives éthiques jouent un rôle essentiel dans l'élaboration des valeurs et du comportement des Wiccans. Le principe central du Rede, « Que cela ne fasse de mal à personne, faites ce que vous voulez », est une boussole morale fondamentale, guidant les individus vers l'innocuité et la responsabilité personnelle. Les wiccans défendent également des principes éthiques plus larges, tels que le respect de la nature, le respect du divin et un engagement envers la croissance personnelle. Ces principes ne sont pas simplement des concepts abstraits, mais sont profondément intégrés dans la vie quotidienne et les pratiques spirituelles des Wiccans, influençant la manière dont ils interagissent avec le monde, la nature et entre eux. Le cadre éthique de la Wicca met l'accent sur l'harmonie, l'équilibre et l'interdépendance de toute vie, ce qui en fait une voie qui encourage la croissance personnelle, la pleine conscience et un lien profond avec le monde naturel.

Le concept de divinité dans la Wicca

Le concept de divinité dans la Wicca est un aspect multiforme et profondément spirituel de cette religion païenne moderne basée sur la nature. L'approche de la Wicca envers le divin se caractérise par ses éléments polythéistes et monothéistes, célébrant un éventail diversifié et interconnecté de divinités et mettant l'accent sur l'immanence du divin dans le monde naturel. Cette section explore les principes centraux du concept wiccan de divinité, en approfondissant le culte du Dieu et de la Déesse, le rôle du panthéisme, la pratique du travail des divinités et la diversité des divinités honorées dans la tradition wiccan.

Au cœur de la spiritualité Wiccan se trouve la vénération du Dieu et de la Déesse. Ces divinités doubles sont souvent considérées comme les figures centrales de la théologie wiccan, représentant l'équilibre des énergies masculines et féminines et les cycles de vie, de mort et de renaissance. Le Dieu est associé au Soleil, au sauvage et au principe masculin, tandis que la Déesse est associée à la Lune, à la fertilité et au principe féminin. Leur culte et leur révérence constituent le cœur des rituels et des célébrations wiccans.

Les wiccans invoquent souvent le Dieu et la Déesse sous différents noms et aspects, s'inspirant de diverses mythologies et cultures. Même si les noms peuvent différer, les qualités archétypales sous-jacentes des divinités restent cohérentes. Par exemple, le Dieu peut être invoqué comme le Dieu Cornu, l'Homme Vert ou Cernunnos, chacun représentant différentes facettes de son énergie. De même, la Déesse peut être invoquée comme la Triple Déesse, la Jeune Fille, la Mère et la Vieille, ou par des noms comme Diane, Isis ou Brigid, reflétant ses divers aspects et rôles dans le monde naturel.

La dualité et la polarité du Dieu et de la Déesse jouent un rôle central dans les rituels wiccans et le travail magique. Les wiccans cherchent souvent à équilibrer et harmoniser ces énergies en eux-mêmes et dans le monde qui les entoure, reconnaissant que les qualités masculines et féminines sont essentielles à une existence saine et holistique. Cet accent mis sur l'équilibre est illustré dans la Roue de l'Année, un calendrier de huit sabbats qui marquent les changements de saisons et les phases du Dieu et de la Déesse.

Le panthéisme est un autre élément essentiel du concept wiccan de divinité. Le panthéisme postule que le divin est immanent au monde naturel et que tout est interconnecté et fait partie du tout divin. Cette perspective s'aligne sur le respect de la Wicca pour la nature et sa reconnaissance du fait que la Terre et tous ses habitants sont sacrés. Les wiccans décrivent souvent leur expérience du divin comme un lien profond avec le monde qui les entoure, mettant l'accent sur la présence du divin dans le bruissement des feuilles, le murmure des ruisseaux et le bruissement du vent dans les arbres.

La vision panthéiste s'étend également à la croyance selon laquelle le Dieu et la Déesse ne sont pas des êtres lointains et transcendants, mais sont inhérents et accessibles aux wiccans dans leur vie quotidienne. Cette accessibilité permet aux wiccans de développer des relations personnelles avec leurs divinités, en s'engageant dans la méditation, la prière et les pratiques rituelles pour se connecter à la présence divine. Ces relations personnelles fournissent des conseils, une inspiration et un sentiment de soutien spirituel en cas de besoin.

Le travail avec les divinités est une pratique courante dans la Wicca, où les individus peuvent choisir de travailler en étroite collaboration avec des divinités ou des aspects spécifiques du divin. Cette pratique peut impliquer la méditation, la visualisation et un travail rituel pour se connecter et demander conseil aux divinités choisies. Par exemple, un pratiquant peut travailler avec la Déesse dans son aspect de Jeune Fille pour invoquer des qualités de jeunesse, de vitalité et de nouveau départ, ou il peut travailler avec Dieu en tant que Dieu Cornu pour obtenir de la force, de la protection et une énergie sauvage.

La nature polythéiste de la Wicca permet à une grande diversité de divinités d'être honorées et vénérées au sein de la tradition. Bien que le Dieu et la Déesse soient des figures centrales, les Wiccans peuvent également choisir d'honorer et de travailler avec d'autres dieux et déesses de divers panthéons. Cette diversité reflète la nature éclectique de la Wicca, où les pratiquants sont encouragés à explorer différentes divinités et traditions, en s'inspirant des cultures du monde entier.

Le choix des divinités avec lesquelles travailler est souvent un choix profondément personnel, motivé par les liens et intérêts spirituels individuels. Certains wiccans se sentent attirés par des divinités spécifiques en raison de leurs expériences personnelles, de leur ascendance ou de leur affinité pour certaines qualités ou attributs représentés par ces divinités. Par exemple, un pratiquant ayant un lien fort avec la mer pourrait choisir de travailler avec une divinité liée à l'eau comme Poséidon ou Yemaya. Cette liberté d'explorer et d'adapter leur pratique spirituelle permet aux wiccans de créer une relation significative et personnalisée avec le divin.

Dans les rituels wiccans et les opérations magiques, le choix des divinités à invoquer ou à honorer dépend du but et de l'intention spécifiques du rituel. Par exemple, un sort de fertilité pourrait invoquer la Déesse sous son aspect Mère, tandis qu'un sort de protection pourrait faire appel à une divinité associée à la force et à la tutelle. La flexibilité de la pratique wiccan permet une approche créative et intuitive du travail des déités, où les praticiens peuvent adapter leurs rituels à leurs besoins et objectifs uniques.

En conclusion, le concept de divinité dans la Wicca est un aspect riche et multiforme de cette religion païenne moderne. Au cœur de la spiritualité Wiccan se trouve l'adoration du Dieu et de la Déesse, qui incarnent l'équilibre des énergies masculines et féminines et des cycles de vie. Le panthéisme insuffle à la Wicca un profond respect pour le monde naturel et la conviction que le divin est inhérent à toutes choses. Le travail sur les divinités permet aux praticiens de développer des liens personnels avec des divinités ou des aspects spécifiques du divin, tandis que la diversité des divinités honorées dans la tradition reflète la nature éclectique et inclusive de la Wicca. En fin de compte, le concept de divinité dans la Wicca met l'accent sur l'interdépendance de toute vie et sur la profonde connexion spirituelle que l'on peut trouver dans le monde qui nous entoure.

Chapitre II : Outils et symboles dans la Wicca

Aperçu des outils Wiccan essentiels (par exemple, athamé, baguette, calice)

La Wicca, une religion païenne moderne basée sur la nature, met fortement l'accent sur les rituels et le symbolisme pour se connecter avec le divin et exploiter les énergies du monde naturel. Au cœur de la pratique wiccan se trouvent un ensemble d'outils essentiels, chacun ayant sa propre signification et son propre objectif. Ces outils sont utilisés dans les rituels, les sorts et les cérémonies pour canaliser l'énergie, invoquer les éléments et créer un espace sacré. Parmi les outils Wiccan les plus courants et les plus essentiels figurent l'athamé, la baguette et le calice. Cette section fournit un aperçu approfondi de ces outils, explorant leur symbolisme, leurs utilisations et leur rôle dans la spiritualité Wiccan.

L'athamé est un couteau de cérémonie doté d'une lame à double tranchant, généralement en métal, et d'une garde ou d'un manche. C'est l'un des outils les plus reconnaissables et vénérés dans la pratique wiccan. L'athamé occupe une place importante sur l'autel wiccan et est principalement utilisé pour diriger et manipuler l'énergie. Sa symbolique et ses utilisations dans la Wicca sont riches et multiformes.

Dans le symbolisme wiccan, l'athamé représente l'élément Air, l'un des quatre éléments classiques qui jouent un rôle important dans la cosmologie wiccan. L'air est associé à l'intellect, à la communication et au pouvoir de l'esprit. La lame à double tranchant de l'athamé symbolise la double nature de l'élément, englobant à la fois les aspects tranchants et directs de l'air. Il est souvent utilisé pour dessiner des symboles, tracer des cercles et invoquer les quartiers lors des rituels.

L'une des fonctions principales de l'athamé est de créer et de manipuler de l'énergie. Les wiccans croient que l'intention et la visualisation sont des composants essentiels de la magie et que l'athamé est le point focal de ces énergies. Les pratiquants utilisent l'athamé pour tracer des cercles et des symboles dans les airs, dirigeant ainsi leur intention et leur énergie vers un objectif spécifique. Il n'est pas utilisé pour couper ou blesser physiquement mais comme un outil symbolique et énergétique.

Lors des rituels wiccans, l'athamé est souvent utilisé pour former et fermer le cercle sacré, un aspect fondamental de la création d'un espace sacré et de la protection du pratiquant des influences extérieures. L'athamé est également utilisé pour faire descendre la Lune, une pratique rituelle où le praticien invoque en lui l'énergie et la sagesse de la Déesse.

Le choix d'un athamé est très personnel pour chaque pratiquant, certains choisissant un athamé traditionnel à manche noir tandis que d'autres optent pour des matériaux et des designs qui correspondent à leur cheminement spirituel et à leurs préférences. Outre sa symbolique et son usage rituel, l'athamé est un outil de consécration. Il est généralement purifié, béni et chargé avant d'être utilisé dans le cadre d'un travail rituel.

La baguette est un autre outil essentiel dans la pratique wiccan, souvent associée à l'élément Feu. Contrairement à l'athamé, qui est utilisé pour diriger et couper, la baguette est avant tout un outil pour invoquer et projeter de l'énergie. Il s'agit généralement d'un objet mince et allongé, traditionnellement fabriqué en bois mais parfois fabriqué à partir de métal, de cristal ou d'autres matériaux.

La baguette symbolise l'élément Feu en raison de son association avec l'énergie, la transformation et le pouvoir de la volonté. Dans les rituels Wiccan, le Feu représente la force qui déclenche le changement et manifeste les désirs. La baguette canalise et dirige cette énergie transformatrice, ce qui en fait un outil essentiel pour les sorts et les rituels.

Les wiccans utilisent la baguette pour attirer l'énergie du domaine spirituel vers le monde physique, ou vice versa, selon l'intention du rituel. Il peut être utilisé pour former des cercles, bénir et consacrer des objets ou invoquer le divin lors de cérémonies. Les mouvements doux et rapides de la baguette sont souvent associés à l'invocation d'énergie et peuvent être utilisés pour diriger l'énergie vers un objectif spécifique.

L'une des principales différences entre l'athamé et la baguette réside dans le type d'énergie auquel ils sont associés. Alors que l'athamé est lié à une énergie concentrée et dirigée, la baguette est associée à une énergie plus fluide et expansive. Les wiccans peuvent choisir d'utiliser l'un ou l'autre, en fonction de la nature de leur travail magique et de leurs préférences personnelles.

Comme l'athamé, la baguette est généralement consacrée et préparée pour un usage rituel. De nombreux wiccans fabriquent leurs baguettes ou en choisissent une qui résonne avec leur chemin spirituel et leur énergie. Le choix du bois, du cristal ou d'autres matériaux dépend souvent de la connexion intuitive du praticien avec l'outil et de sa signification symbolique.

Le calice, également connu sous le nom de coupe ou gobelet, représente l'élément Eau dans le symbolisme Wiccan. Il s'agit d'un récipient souvent en métal, en verre ou en céramique et sert de récipient pour les liquides, généralement de l'eau ou du vin. Le calice occupe une place particulière dans les rituels wiccans, symbolisant les émotions, l'intuition et le pouvoir du subconscient.

Dans la cosmologie Wiccan, l'élément Eau est associé aux émotions, à l'intuition, aux rêves et aux courants profonds du subconscient. Le calice représente le vaisseau de l'âme, où les émotions et les idées intuitives sont conservées et transformées. Sa forme arrondie en forme de bol évoque le ventre de la Déesse, symbolisant la fertilité et le cycle de la vie.

Lors des rituels wiccans, le calice est souvent utilisé pour contenir la libation rituelle, une offrande liquide qui peut être de l'eau, du vin ou une autre boisson. La libération est généralement consacrée et bénie et sert de partage symbolique d'énergie et de bénédictions avec le divin. Le calice est souvent porté lors d'un toast ou d'une offrande, et le liquide est versé sur la Terre en guise de cadeau au monde naturel.

Le calice joue également un rôle dans le Grand Rite symbolique, un rituel sacré représentant l'union du Dieu et de la Déesse. Dans ce rituel, le calice (représentant la Déesse) et l'athamé (représentant le Dieu) sont réunis symboliquement, souvent accompagnés de paroles et d'actions qui invoquent l'union des énergies masculines et féminines. Ce rituel peut être exécuté métaphoriquement ou, dans certaines traditions, comme une véritable union entre praticiens consentants.

Outre son usage rituel, le calice est un outil de purification et de consécration. Il peut être utilisé pour bénir et purifier des objets, des outils ou des participants à un rituel. Comme l'athamé et la baguette, le calice est généralement nettoyé et consacré avant d'être utilisé dans un travail magique ou rituel.

En conclusion, l'athamé, la baguette et le calice sont des outils essentiels dans la pratique wiccan, chacun avec son symbolisme, son objectif et son rôle uniques dans le travail rituel et magique. L'athamé représente l'élément Air et est utilisé pour diriger et manipuler l'énergie. La baguette symbolise l'élément Feu et invoque et projette de l'énergie. Le calice représente l'élément Eau et sert de récipient pour les libations et les offrandes symboliques. Ces outils sont des objets physiques et des symboles de la connexion du pratiquant avec le monde naturel et le divin. Ils jouent un rôle essentiel dans les rituels et cérémonies Wiccan, aidant les pratiquants à créer un espace sacré, à se connecter avec les éléments et à travailler avec les énergies de l'univers. Le choix de ces outils est personnel et souvent profondément significatif pour chaque praticien, reflétant son chemin spirituel unique et sa connexion avec le divin.

Explication des symboles Wiccan courants (par exemple, pentagramme, triple lune, symboles élémentaires)

La Wicca, une religion païenne moderne basée sur la nature, est riche d'un symbolisme qui transmet ses croyances fondamentales, ses rituels et sa spiritualité. Ces symboles servent de langage visuel qui relie les Wiccans au monde naturel, au divin et à leur moi intérieur. Cette section explorera certains des symboles wiccans les plus courants et les plus significatifs, notamment le pentagramme, la triple lune et les symboles élémentaires. Ces symboles ont une signification profonde et sont au cœur des rituels, cérémonies et pratiques magiques wiccans.

L'un des symboles les plus reconnaissables de la Wicca est le pentagramme, une étoile à cinq branches entourée d'un cercle. Le pentagramme est un symbole aux multiples facettes aux origines anciennes et, dans la pratique wiccan, il véhicule diverses significations et associations.

Dans la Wicca, le pentagramme représente les cinq éléments : Terre, Air, Feu, Eau et Esprit. Chaque point de l'étoile correspond à l'un de ces éléments, l'Esprit étant souvent représenté au sommet, tandis que les quatre autres éléments sont placés aux points restants selon leurs associations traditionnelles. Ce symbolisme reflète l'interdépendance de ces éléments et leur rôle dans le monde naturel.

Le pentagramme symbolise également l'équilibre et l'harmonie de ces éléments au sein du praticien et de l'univers. Il représente la croyance wiccan en l'importance de maintenir l'équilibre et de s'adapter aux rythmes et aux énergies de la nature.

Dans certaines traditions wiccanes, le pentagramme est considéré comme un symbole protecteur, utilisé pour bannir les énergies négatives et invoquer les bénédictions des éléments. En traçant le pentagramme dans les airs avec un athamé ou l'index, les wiccans peuvent créer une frontière protectrice et faire appel aux forces élémentaires pour les aider dans leurs opérations magiques.

Une autre interprétation du pentagramme est sa représentation de l'être humain. Chaque pointe de l'étoile symbolise un aspect différent de soi : l'esprit, le corps, l'esprit, les émotions et la volonté. Dans ce contexte, le pentagramme signifie la croissance personnelle, la conscience de soi et la recherche d'un équilibre spirituel.

Le symbole de la triple lune, également appelé symbole de la triple déesse, symbolise les trois phases de la Lune : croissante, pleine et décroissante. Il est souvent représenté comme trois croissants de lune imbriqués ou superposés disposés en rangée.

La triple lune symbolise les trois aspects de la Déesse dans la théologie Wiccan : la Jeune Fille, la Mère et la Vieille. Ces aspects correspondent aux phases de la Lune ainsi qu'aux étapes de la vie d'une femme. La Jeune Fille représente la jeunesse, le potentiel et les nouveaux départs ; la Mère symbolise la fertilité, l'éducation et la création ; et la Corne incarne la sagesse, la transformation et le passage du temps.

Les wiccans invoquent et travaillent souvent avec ces trois aspects de la Déesse dans leurs rituels et pratiques magiques. Le symbole de la triple lune rappelle la nature cyclique de la vie, de la mort et de la renaissance, ainsi que les phases en constante évolution de la Lune et la présence éternelle du féminin divin dans l'univers.

Le symbole de la triple lune met également en évidence l'interconnexion de la jeune fille, de la mère et de la vieille femme, soulignant qu'elles ne sont pas des entités distinctes mais des facettes différentes de la même énergie féminine divine. Les wiccans honorent et célèbrent ces aspects dans leurs rituels, en s'alignant sur les rythmes de la nature et des cycles de vie.

Dans la Wicca, les quatre éléments classiques – Terre, Air, Feu et Eau – sont fondamentaux pour comprendre le monde naturel et pratiquer la magie. Ces éléments sont représentés par des symboles spécifiques couramment utilisés dans les rituels et cérémonies wiccans.

Le symbole élémentaire de la Terre est un triangle inversé avec une ligne horizontale passant par le milieu. Il représente le domaine physique, la stabilité, la fertilité et le monde matériel. La Terre est associée à la direction Nord et à l'élément d'ancrage et de stabilité. Dans les rituels, les praticiens peuvent utiliser du sel, des pierres ou de la terre pour symboliser la Terre.

Le symbole élémentaire de l'Air est un triangle vertical avec une ligne horizontale passant par le milieu. Il représente l'intellect, la communication, la pensée et le pouvoir de l'esprit. L'air est associé à la direction Est et à l'élément de clarté et de connaissance. L'encens ou les plumes sont souvent utilisés pour symboliser l'air dans les rituels.

Le symbole élémentaire du Feu est un triangle vertical sans ligne horizontale le traversant. Il représente l'énergie, la transformation, la passion et la volonté. Le feu est associé à la direction Sud et à l'élément d'inspiration et d'action. Des bougies ou une flamme peuvent symboliser le Feu dans les rituels.

Le symbole élémentaire de l'eau est un triangle inversé sans ligne horizontale traversant, avec un croissant de lune au sommet. Il représente les émotions, l'intuition, les rêves et le subconscient. L'eau est associée à la direction ouest et à l'élément de nettoyage et de guérison. Un calice ou un bol d'eau est souvent utilisé pour symboliser l'eau dans les rituels.

Les wiccans utilisent ces symboles élémentaires pour invoquer les énergies et les qualités des éléments lors de rituels et de sorts. Ils peuvent dessiner ces symboles dans les airs ou au sol, placer les objets correspondants sur leurs autels ou visualiser les éléments pendant qu'ils travaillent avec eux.

En conclusion, la Wicca est une religion riche en symbolisme, chaque symbole portant des couches de sens et de signification. Le pentagramme représente les éléments et la recherche de l'équilibre et de la conscience de soi. La triple lune symbolise les phases de la Lune et les aspects de la Déesse dans sa triple nature. Les symboles élémentaires représentent les éléments classiques et leurs qualités dans le monde naturel. Ces symboles sont des représentations abstraites et font partie intégrante des rituels, cérémonies et pratiques magiques Wiccan, aidant les praticiens à se connecter avec le monde naturel, le divin et leur propre voyage spirituel.

Comment choisir et consacrer vos outils

La Wicca, une religion païenne moderne de sorcellerie, accorde une grande importance à l'utilisation d'outils dans ses rituels et cérémonies. Ces outils servent de conduits d'énergie, aidant les praticiens dans leurs travaux magiques et leurs connexions spirituelles. La sélection et la consécration de ces outils sont une étape cruciale dans le parcours d'un pratiquant Wiccan, car cela établit une relation personnelle et sacrée avec les outils, améliore leur efficacité et les aligne avec l'intention du praticien. Dans cette section, nous explorerons l'importance du choix et de la consécration des outils dans la Wicca, les différents types d'outils couramment utilisés et les étapes impliquées dans le processus.

L'importance du choix et de la consécration des outils dans la Wicca ne peut être surestimée. Ces outils ne sont pas de simples objets ordinaires mais des extensions de la spiritualité et de l'intention du pratiquant. Lorsqu'ils sont correctement choisis et consacrés, ils s'imprègnent d'énergie magique et servent d'intermédiaires entre les domaines physique et spirituel. Cette connexion entre le praticien et ses outils est essentielle à la réussite des rituels et des sorts dans la pratique wiccan.

Les outils Wiccan sont souvent classés en deux groupes principaux : les outils élémentaires et les athames. Les outils élémentaires représentent les quatre éléments classiques que sont la Terre, l'Air, le Feu et l'Eau, tandis que les athames sont des couteaux rituels utilisés à diverses fins. Les outils élémentaires sont constitués du pentacle (représentant la Terre), de la baguette (représentant l'Air), de l'athamé (représentant le Feu) et du calice (représentant l'Eau). Chacun de ces outils a un objectif et un symbolisme spécifiques dans la pratique wiccan.

Pour choisir les bons outils, un praticien Wiccan doit tenir compte de son lien personnel avec chaque outil et de l'énergie avec laquelle il résonne. Par exemple, une personne attirée par la nature et l'élément Terre pourrait ressentir un lien plus fort avec un pentacle, tandis qu'une personne qui valorise l'intellect et la communication pourrait résonner avec une baguette. Choisir des outils qui conviennent intuitivement et qui correspondent à son chemin spirituel est essentiel.

Une fois les outils choisis, l'étape suivante est la consécration. La consécration est le processus de purification et de médiation des outils à leur objectif magique prévu. Cela les nettoie de toute énergie ou influence antérieure et les imprègne de la propre énergie et de l'intention du praticien. Le rituel de consécration est une expérience hautement personnelle et sacrée, renforçant le lien entre le praticien et ses outils.

Le processus de consécration comporte généralement plusieurs étapes. Tout d'abord, le praticien doit rassembler tous les outils choisis et tout matériel supplémentaire dont il pourrait avoir besoin, comme des bougies, de l'encens et de l'eau purifiée. Il est essentiel d'effectuer le rituel dans un espace calme et sacré où le praticien peut concentrer son énergie et son intention sans distraction.

Le rituel commence généralement par une purification, qui peut impliquer de nettoyer physiquement les outils, puis de les nettoyer spirituellement avec des éléments comme de la fumée d'encens ou de l'eau bénie. Le praticien peut passer chaque outil dans la fumée ou l'arroser d'eau tout en indiquant son intention de purifier et de nettoyer l'outil.

Après la purification, le pratiquant passe à la consécration. Cette étape implique souvent d'invoquer le divin ou de faire appel à des entités spirituelles en résonance avec la tradition du pratiquant. Le praticien peut réciter des prières ou des invocations, exprimant son dévouement et son intention d'utiliser les outils à des fins positives et sacrées. Certains praticiens choisissent de charger leurs outils à la lumière de la lune ou du soleil, croyant que ces énergies célestes peuvent améliorer la puissance des outils.

Au fur et à mesure que le rituel de consécration progresse, le praticien doit tenir chaque outil dans ses mains, en se concentrant sur l'imprégnation de sa propre énergie et de sa propre intention. La visualisation est une technique puissante au cours de cette étape, car le praticien peut imaginer l'outil rayonnant d'une lumière divine ou personnelle, renforçant ainsi son lien avec sa pratique magique.

Une fois que tous les outils ont été consacrés, ils sont considérés comme prêts à être utilisés dans les rituels et sorts Wiccan. Il est crucial de traiter ces outils avec soin et respect, car ce sont désormais des objets sacrés profondément liés à la spiritualité du praticien.

En plus des outils élémentaires, l'athamé est un outil central et hautement symbolique dans la Wicca. L'athamé est un couteau rituel, généralement doté d'une lame à double tranchant, et il est souvent associé à l'élément Feu. Malgré son association avec le feu, l'athamé n'est pas utilisé pour couper physiquement mais sert de représentation symbolique de la volonté et du pouvoir du pratiquant.

L'athamé joue un rôle essentiel dans la diffusion et la direction de l'énergie lors des rituels wiccans. Il trace le cercle, crée un espace sacré et dirige l'énergie vers un objectif spécifique. Lorsqu'ils choisissent un athamé, les praticiens recherchent souvent une lame qui résonne avec leur énergie et leur intention. Certains préfèrent un athamé traditionnel à manche noir, tandis que d'autres peuvent opter pour un athamé en bois ou en d'autres matériaux. Le facteur critique est le lien personnel et le symbolisme que l'athamé représente pour le praticien.

La consécration d'un athamé suit un processus similaire à la consécration d'outils élémentaires, impliquant purification et dédicace. Cependant, en raison de son importance dans la pratique wiccan, la consécration d'un athamé est souvent considérée comme une expérience particulièrement sacrée et puissante. Certains praticiens peuvent dédier leur athamé à une divinité ou à un esprit spécifique avec lequel ils travaillent en étroite collaboration, approfondissant ainsi leur connexion avec l'outil.

En plus des outils élémentaires et de l'athamé, de nombreux praticiens wiccans utilisent également d'autres outils et accessoires, tels que des bougies, des cristaux, des herbes et des huiles, dans leur travail magique. Ces outils peuvent améliorer la puissance et la concentration des rituels et des sorts, et ils doivent être choisis et consacrés avec soin. Chaque outil porte son propre symbolisme et sa propre énergie, et les praticiens doivent les sélectionner en fonction de leurs objectifs et intentions magiques spécifiques.

En conclusion, choisir et consacrer des outils dans la Wicca est un voyage profondément spirituel et personnel. Ces outils ne sont pas de simples accessoires mais des extensions sacrées de l'intention et de l'énergie du praticien. En sélectionnant soigneusement les outils qui correspondent à leur spiritualité et en les consacrant avec dévouement et intention, les praticiens wiccans établissent une connexion puissante qui améliore l'efficacité de leur travail magique. Qu'il s'agisse des outils élémentaires représentant la Terre, l'Air, le Feu et l'Eau ou de l'athamé symbolique, chaque outil occupe une place unique dans la pratique du praticien, reliant les royaumes physique et spirituel. Dans la Wicca, les outils ne sont pas de simples instruments mais des partenaires dans le voyage magique et spirituel du pratiquant, les aidant à manifester leurs désirs et à se connecter avec le divin.

Chapitre III : Se préparer au travail de sortilège

L'importance de la préparation et de l'intention

La Wicca, une tradition païenne et sorcellerie contemporaine, met fortement l'accent sur le pouvoir de l'intention et de la préparation en matière de sortilège. Les sports font partie intégrante de la pratique Wiccan, permettant aux pratiquants de manifester leurs désirs, de se connecter avec le divin et de travailler avec les énergies naturelles de l'univers. Cependant, le succès du sortilège dans la Wicca ne dépend pas uniquement de la récitation de mots ou de l'utilisation d'outils rituels ; cela dépend de la capacité du pratiquant à se préparer mentalement, émotionnellement et spirituellement et à définir des intentions claires et ciblées. Dans cette section, nous approfondirons l'importance de la préparation et de l'intention dans le sortilège au sein de la tradition Wiccan, en explorant comment ces éléments contribuent à l'efficacité et aux considérations éthiques du lancement de sorts Wiccan.

L'un des principes fondamentaux de la Wicca est la croyance en l'interdépendance de toutes choses. Cette croyance est au cœur de la magie, car elle reconnaît que l'énergie mise dans un sort a un impact direct sur le réseau d'énergie qui relie tous les êtres vivants et l'univers lui-même. Par conséquent, avant de se lancer dans le sortilège, les praticiens Wiccan doivent se préparer à s'aligner sur cette énergie universelle et s'assurer que leurs intentions sont pures et ciblées. Cette préparation implique de créer le bon état mental et émotionnel, de nettoyer l'espace physique et spirituel et de définir des intentions claires.

La préparation mentale et émotionnelle est un élément crucial d'un sortilège réussi. Avant de lancer un sort, les Wiccans méditent ou visualisent souvent pour vider leur esprit et s'adapter aux énergies avec lesquelles ils souhaitent travailler. Cela aide les pratiquants à puiser dans leur pouvoir intérieur et à se connecter à leur moi supérieur, permettant ainsi une expérience de lancement de sorts plus profonde et plus puissante. De plus, les praticiens doivent être positifs et émotionnellement équilibrés lorsqu'ils lancent des sorts, car les émotions négatives ou les doutes peuvent interférer avec le flux d'énergie et entraver l'efficacité du sort. Par conséquent, la conscience de soi et le contrôle émotionnel sont des compétences essentielles pour les lanceurs de sorts Wiccan.

La préparation physique et spirituelle implique la création d'un environnement propice au sortilège. Cela inclut le nettoyage et la consécration de l'espace rituel, souvent en créant un cercle protecteur. Le cercle constitue une barrière entre le praticien et les influences extérieures, garantissant que l'énergie soulevée pendant le sort reste concentrée et non perturbée. Des rituels de nettoyage, tels que l'application de sauge ou l'aspersion d'eau bénite, sont effectués pour éliminer toute énergie négative ou stagnante de l'espace. Le praticien doit également consacrer tous les outils ou ingrédients utilisés dans le sort pour s'assurer qu'ils sont en accord avec l'intention du praticien et exempts de toute énergie indésirable.

Définir des intentions claires et ciblées est peut-être l'aspect le plus critique de la préparation aux sorts dans la Wicca. L'intention derrière un sort définit son but et dirige l'énergie soulevée pendant le rituel. Sans une intention bien définie, un sort peut manquer de direction et d'efficacité. Les pratiquants wiccan réfléchissent souvent à leurs désirs et à leurs objectifs avant de lancer un sort. Ils doivent formuler leurs intentions avec soin, en utilisant un langage positif et en évitant les formulations vagues ou ambiguës. Par exemple, au lieu de demander « bonne chance », un pratiquant pourrait formuler l'intention « d'attirer des opportunités et des bénédictions positives dans sa vie ». Cette spécificité aide le praticien et l'univers à comprendre clairement le résultat souhaité.

En plus de la clarté, les considérations éthiques jouent un rôle important dans la définition des intentions de sortilège dans la Wicca. Les wiccans adhèrent au principe éthique connu sous le nom de « loi triple » ou « loi du retour », qui stipule que toute énergie envoyée dans l'univers leur reviendra triple. Ce principe souligne l'importance d'utiliser le sortilège à des fins positives et éthiques. Les pratiquants sont encouragés à considérer les conséquences potentielles de leurs sorts et à s'assurer que leurs intentions ne nuisent à personne, y compris à eux-mêmes.

La dimension éthique du lancement de sorts dans la Wicca s'étend également aux questions de consentement et de libre arbitre. Les wiccans sont généralement mis en garde contre toute tentative de manipulation ou de contrôle du libre arbitre d'autrui par le biais de sorts. Même si les sorts d'amour, par exemple, ne sont pas intrinsèquement contraires à l'éthique, les praticiens doivent toujours respecter l'autonomie et le consentement des individus impliqués. L'intention doit se concentrer sur l'attraction de l'amour ou l'amélioration d'une relation existante plutôt que sur le fait de forcer quelqu'un à aimer contre sa volonté. Cette position éthique renforce l'idée selon laquelle les intentions du sortilège doivent s'aligner sur les principes d'amour, d'harmonie et de respect de tous les êtres.

Un autre aspect essentiel de la préparation au sortilège dans la Wicca est le timing. De nombreux wiccans croient que certains moments, comme les phases lunaires, les alignements planétaires ou certains jours spécifiques de la semaine, peuvent améliorer l'efficacité des sorts. Le choix du timing dépend de l'intention du praticien et des correspondances associées aux différentes influences célestes et planétaires. Par exemple, un sort de croissance personnelle et d'autonomisation pourrait être mieux réalisé pendant la lune croissante, c'est-à-dire lorsque la lune grandit, symbolisant la croissance et l'abondance. Le timing ajoute une couche d'intention au sort, s'alignant sur les rythmes et les énergies naturelles de l'univers.

Une fois que le praticien a terminé sa préparation et défini ses intentions claires, il peut procéder au lancement du sort lui-même. Le lancement du sort implique souvent une combinaison de paroles, de gestes et d'outils rituels. Des mots de pouvoir, des incantations et des invocations sont récités pour élever et diriger l'énergie vers le but visé. Le praticien peut également utiliser des correspondances spécifiques, telles que des couleurs, des herbes, des cristaux ou des symboles, pour renforcer l'énergie et le symbolisme du sort.

Pendant le processus de lancement de sorts, il est essentiel de maintenir un niveau élevé de concentration et de concentration. La visualisation est une technique puissante utilisée par les Wiccans pour diriger l'énergie vers le résultat souhaité. Le praticien peut visualiser mentalement son intention se concrétiser, la considérant comme déjà accomplie dans le moment présent. Cette visualisation permet de renforcer l'intention et de puiser l'énergie nécessaire pour manifester le changement souhaité.

Une fois le sort lancé, il est de coutume d'exprimer sa gratitude aux forces divines, élémentaires ou à toute entité spirituelle invoquée pendant le rituel. Cet acte de gratitude reconnaît l'aide reçue et ferme le cercle magique, permettant à l'énergie d'être libérée dans l'univers pour opérer sa magie. Faire confiance au processus et libérer l'attachement au résultat est essentiel, permettant à l'univers de réagir à son rythme et à sa manière.

En conclusion, la préparation et l'intention sont des éléments fondamentaux d'un sortilège réussi dans la Wicca. La capacité du praticien à se préparer mentalement, émotionnellement et spirituellement, ainsi que sa capacité à définir des intentions claires et ciblées, influencent directement l'efficacité de ses sorts. L'interdépendance de toutes choses dans la Wicca souligne l'importance des considérations éthiques, du consentement et de l'utilisation des sorts à des fins positives et harmonieuses. Le timing et l'alignement des sorts avec les énergies naturelles améliorent encore leur puissance. En fin de compte, le sortilège dans la Wicca est une pratique sacrée et profonde qui nécessite du dévouement, de la pleine conscience et une compréhension approfondie des principes du métier. En adoptant ces principes et en s'engageant à lancer des sorts éthiques et intentionnels, les praticiens Wiccan peuvent exploiter le pouvoir transformateur de la magie pour manifester leurs désirs et apporter un changement positif dans leur vie et dans le monde qui les entoure.

Aménagement d'un espace sacré ou d'un autel

La mise en place d'un espace sacré ou d'un autel pour les sorts dans la Wicca est une pratique fondamentale qui revêt une importance significative dans la tradition Wiccan. La Wicca, une religion païenne moderne de sorcellerie, met l'accent sur la connexion avec le monde spirituel et naturel à travers des rituels, des sorts et des cérémonies. La création d'un espace sacré ou d'un autel fait partie intégrante de ces pratiques, car elle sert de point focal pour canaliser l'énergie, les intentions et le respect du divin. Cette section explorera les étapes et les éléments essentiels impliqués dans la mise en place d'un espace sacré ou d'un autel pour les sorts dans la Wicca, en discutant de leur symbolisme et de leur signification au sein de la tradition.

La première étape dans l'établissement d'un espace sacré ou d'un autel pour les sortilèges dans la Wicca consiste à sélectionner un emplacement approprié. Idéalement, cela devrait être un espace calme et privé où vous pourrez vous concentrer et communiquer avec les énergies de l'univers sans distractions. De nombreux wiccans préfèrent installer leurs autels à l'intérieur, souvent dans une pièce dédiée ou sur une table ou une surface spécifique. D'autres peuvent choisir de travailler à l'extérieur, en connexion avec les éléments de la nature. Quel que soit l'endroit que vous choisissez, nettoyer et purifier la zone avant de commencer est crucial. Cela peut être réalisé en badigeonnant de sauge ou d'encens, en aspergeant d'eau bénite ou en utilisant d'autres rituels de purification.

L'étape suivante consiste à sélectionner les outils et le matériel qui seront placés sur votre autel. Dans la Wicca, chaque outil a un but et un symbolisme spécifiques. L'outil le plus essentiel est l'autel lui-même, qui représente l'élément terre et sert de point central pour vos sorts. Il peut s'agir d'une simple table, d'une planche de bois ou de toute autre surface qui vous parle. Sur l'autel, vous placerez généralement un assortiment d'objets, chacun ayant sa signification unique.

L'un des objets les plus courants trouvés sur un autel wiccan représente les quatre éléments : la terre, l'air, le feu et l'eau. Ces éléments sont des composants essentiels de la spiritualité Wiccan, et ils sont souvent symbolisés par un pentacle (terre), de l'encens (air), une bougie (feu) et un bol d'eau (eau). Ces représentations contribuent à créer une énergie équilibrée et harmonieuse au sein de l'espace sacré.

L'athamé, un poignard ou un couteau de cérémonie, est un autre élément essentiel de l'autel. L'athamé est un outil d'intention et de direction pour attirer et manipuler l'énergie pendant les sorts. Il représente l'élément feu et l'aspect masculin de la divinité. En face de l'athamé se trouve le calice, qui représente l'élément eau et l'aspect féminin de la divinité. Le calice est utilisé pour contenir du vin ou de l'eau, symbolisant les qualités vivifiantes et nourrissantes de la déesse.

De nombreux wiccans incorporent également des symboles et des objets liés à leurs divinités personnelles ou à l'intention spécifique de leurs sorts. Par exemple, si un pratiquant travaille avec la déesse Aphrodite pour des questions d'amour et de relations, il peut placer une statue ou une image d'Aphrodite sur l'autel. Si les sorts sont liés à la prospérité et à l'abondance, des objets tels que des pièces de monnaie, des herbes ou des cristaux associés à l'abondance peuvent être ajoutés.

Les bougies sont une caractéristique courante sur les autels Wiccan et remplissent diverses fonctions en fonction de leur couleur. Chaque couleur représente une intention ou un aspect différent de la magie. Par exemple, une bougie rouge peut être utilisée pour des sorts d'amour, tandis qu'une bougie verte pourrait symboliser la prospérité et la croissance. Le choix de la couleur des bougies ajoute de la profondeur et de la spécificité au sortilège exécuté.

Les cristaux et les pierres précieuses sont également fréquemment utilisés sur les autels wiccans. Chaque cristal est associé à des propriétés et des énergies métaphysiques spécifiques. Par exemple, l'améthyste est connue pour ses qualités apaisantes et spirituelles, tandis que le quartz rose est souvent utilisé pour des questions d'amour et de soins personnels. Placer des cristaux sur l'autel peut améliorer l'énergie de l'espace et l'efficacité des sorts.

Les herbes et les plantes font également partie intégrante du sortilège Wiccan, et elles sont souvent séchées et placées sur l'autel. Différentes herbes ont des propriétés magiques distinctes et elles peuvent être brûlées comme encens, saupoudrées ou ajoutées à des pots et des sachets de sorts. La lavande, par exemple, est associée à la paix et à la détente, tandis que la cannelle est utilisée pour la passion et l'énergie.

Une fois que vous avez sélectionné les outils et les matériaux pour votre autel, l'étape suivante consiste à les disposer de manière significative. Les wiccans suivent souvent une disposition spécifique, avec les représentations élémentaires aux quatre points cardinaux : pentacle (nord/terre), encens (est/air), bougie (sud/feu) et eau (ouest/eau). L'athamé et le calice sont placés au centre, symbolisant l'union des énergies masculines et féminines.

La disposition des objets sur l'autel reflète le lien personnel du pratiquant avec son chemin spirituel et l'intention spécifique du sortilège. Il représente visuellement la relation du praticien avec le divin et les énergies qu'il cherche à exploiter.

Après avoir installé l'autel, il est de coutume de former un cercle pour créer un espace sacré et protégé pour les sorts. Le cercle est souvent marqué physiquement au sol ou visualisé dans l'esprit du praticien. Il représente la frontière entre le monde ordinaire et le monde spirituel et sert de barrière pour garder à distance les énergies ou influences indésirables.

Le moulage du cercle s'accompagne généralement de l'invocation des quatre éléments et de l'appel des divinités ou des esprits avec lesquels le praticien souhaite travailler. C'est un moment de connexion profonde avec le divin et un moment pour exprimer ses intentions concernant le sortilège. C'est aussi l'occasion d'exprimer sa gratitude et son respect pour les pouvoirs invoqués.

Le praticien est prêt à exécuter son sortilège une fois le cercle tracé et l'autel préparé. Cela peut impliquer de réciter des incantations, d'accomplir des rituels ou de méditer sur le résultat souhaité. Les outils et matériaux sur l'autel sont utilisés pour canaliser l'énergie et concentrer l'attention vers l'objectif du sort. Le praticien peut également incorporer des techniques de méditation, de visualisation et de travail énergétique pour améliorer la puissance du sort.

Il est essentiel d'aborder le sortilège dans la Wicca avec un état d'esprit clair et éthique. Le Wiccan Rede, une ligne directrice éthique fondamentale de la Wicca, déclare : « Si cela ne fait de mal à personne, faites ce que vous voulez. » Ce principe souligne l'importance d'une magie responsable et sans danger. Les praticiens sont encouragés à considérer les conséquences de leurs actions et à s'assurer que leurs sorts correspondent à leurs valeurs éthiques.

Une fois le sortilège terminé, il est de coutume de remercier les divinités ou les esprits invoqués et de libérer l'énergie soulevée dans le cercle. Cela se fait en ouvrant une porte dans le cercle métaphorique, permettant à l'énergie de s'écouler et de se dissiper sans danger. Le cercle est alors formellement fermé et l'espace sacré est démonté.

En conclusion, la mise en place d'un espace sacré ou d'un autel pour les sortilèges dans la Wicca est une pratique profonde et significative qui relie le pratiquant aux énergies de l'univers et du divin. Cela implique de sélectionner un emplacement approprié, de choisir des outils et des matériaux spécifiques, de les disposer de manière significative et de former un cercle pour créer un espace sacré et protégé. Le travail de sortilège dans la Wicca est un effort spirituel et éthique, guidé par le Wiccan Rede et la connexion du praticien avec le divin. En suivant ces étapes et principes, les wiccans peuvent exploiter le pouvoir de la magie pour manifester leurs intentions tout en respectant le monde naturel et spirituel qui les entoure.

Nettoyer et purifier vous-même et vos outils

Se nettoyer et se purifier ainsi que ses outils de sortilège dans la Wicca est une pratique essentielle qui souligne l'importance de la pureté, de l'intention et de l'alignement spirituel au sein de la tradition Wiccan. Dans la Wicca, les pratiquants s'efforcent de maintenir un état d'harmonie et d'équilibre avec les domaines naturel et spirituel, et les rituels de purification jouent un rôle crucial dans l'atteinte de cet état. Dans cette section, nous approfondirons l'importance du nettoyage et de la purification, explorerons les différentes méthodes utilisées et comprendrons comment ces pratiques préparent à la fois le praticien et ses outils à un travail de sortilège efficace.

Le processus de nettoyage et de purification dans la Wicca sert à de nombreux objectifs, l'objectif principal étant l'élimination des énergies négatives ou stagnantes qui peuvent interférer avec le fonctionnement magique du praticien. L'énergie négative peut s'accumuler à la fois chez les individus et dans les outils magiques au fil du temps, et si rien n'est fait, elle peut entraver le flux d'énergie positive et d'intentions pendant
le sortilège. De plus, les rituels de nettoyage et de purification sont essentiels pour créer un espace sacré et consacré où le praticien peut se connecter avec le divin et canaliser efficacement l'énergie.

L'un des moyens les plus courants et fondamentaux de se nettoyer et de se purifier avant les sorts dans la Wicca consiste à prendre un bain rituel. Cette pratique consiste à prendre un bain infusé d'herbes, de sels ou d'huiles essentielles correspondant à l'intention du praticien. L'eau est considérée comme un élément purificateur et transformateur, et le bain sert à nettoyer le corps physique et les aspects énergétiques et spirituels de soi. Lorsque le praticien s'immerge dans l'eau, il visualise que les énergies négatives et les impuretés sont éliminées, les laissant spirituellement rafraîchis et renouvelés.

Une autre méthode largement utilisée pour la purification personnelle dans la Wicca est la purification. Le maculage consiste à brûler des herbes sacrées, le plus souvent de la sauge blanche, et à utiliser la fumée pour nettoyer le champ énergétique autour du praticien. Le praticien tient le paquet d'herbes fumantes et souffle la fumée sur son corps, en accordant une attention particulière à ses centres énergétiques ou chakras. On pense que la fumée absorbe et dissipe l'énergie négative, laissant le pratiquant dans un état purifié. La purification est souvent accompagnée d'une prière ou d'une intention pour renforcer le processus de nettoyage.

En plus des bains rituels et des purifications, les techniques de visualisation sont fréquemment utilisées par les Wiccans pour se nettoyer et se purifier. La visualisation implique de concentrer l'esprit sur une image mentale de nettoyage et de purification, souvent sous la forme d'une rivière qui coule ou d'une cascade de lumière pure et rayonnante. Le praticien imagine cette énergie nettoyante les envahit et les traverse, éliminant toutes les impuretés et la négativité. Cet exercice mental peut être particulièrement efficace pour une purification rapide et discrète avant un sortilège.

Avant de se lancer dans la magie, il est également de coutume pour les wiccans de s'ancrer et de se centrer. La mise à la terre connecte le praticien aux énergies de la terre, lui apportant stabilité et équilibre, tandis que le centrage aide à concentrer son énergie et ses intentions. Les techniques d'ancrage et de centrage peuvent inclure la méditation, des exercices de respiration profonde ou simplement la sensation d'une connexion profonde avec la terre sous ses pieds. Ces pratiques aident à garantir que le praticien aborde son sortilège à partir d'un lieu de force intérieure et de clarté.

En plus de se purifier, les Wiccans mettent également l'accent sur le nettoyage et la purification de leurs outils magiques et objets rituels. Chaque outil utilisé dans le sortilège a un objectif et un symbolisme spécifiques, et il doit être exempt de toute énergie négative ou influence résiduelle susceptible d'interférer avec sa fonction prévue.

Une méthode standard pour purifier les outils magiques consiste à utiliser des rituels de consécration. La consécration consiste à consacrer l'outil à sa fonction magique et à l'imprégner d'énergie positive. Pour consacrer un outil, le praticien commence généralement par le nettoyer physiquement. Cela peut impliquer de le laver avec un mélange de sel et d'eau, de l'enfouir dans la terre pendant un certain temps ou de le faire passer dans la fumée d'un encens sacré. Le nettoyage physique est suivi d'un rituel dans lequel le praticien invoque les éléments, divinités ou esprits associés au but de l'outil. Ils peuvent également exprimer leurs intentions et leurs désirs concernant l'outil. L'outil devient spirituellement chargé et aligné avec son utilisation magique prévue grâce à ce rituel.

Le sel est un autre outil puissant pour purifier et nettoyer les objets magiques. Le sel est considéré comme une substance purifiante dans de nombreuses traditions spirituelles, dont la Wicca. Les praticiens peuvent saupoudrer ou enterrer leurs outils dans du sel pour absorber et neutraliser toute énergie négative. Cette méthode est principalement efficace pour les articles qui ne peuvent pas être facilement nettoyés avec de l'eau ou de la fumée.

L'élément feu est également utilisé dans les outils de nettoyage et de purification. Les outils en métal, comme les atomes ou les calices, peuvent être passés dans la flamme d'une bougie pour les nettoyer et les purifier. Le praticien peut visualiser la flamme purifiant l'énergie de l'outil lors de son passage dans le feu. Le feu nettoie et dynamise l'outil, le rendant prêt à être utilisé dans les sorts.

Les cristaux et les pierres précieuses sont souvent utilisés dans la purification des outils magiques en raison de leurs propriétés énergétiques. Certains cristaux, comme le quartz clair ou l'améthyste, sont connus pour leurs capacités nettoyantes et purifiantes. On pense que placer des outils sur un lit de ces cristaux pendant un certain temps aide à clarifier et à réinitialiser leur énergie.

La lune, associée aux cycles et à la purification, joue un rôle important dans le nettoyage et la purification des outils magiques. De nombreux wiccans préfèrent nettoyer et charger leurs outils à la lumière de la pleine lune. Cette pratique est connue sous le nom de « charger sous la lune ». Lors d'une pleine lune, les outils sont placés à l'extérieur ou sur le rebord d'une fenêtre où ils peuvent absorber l'énergie de la lune. Le clair de lune est considéré comme un puissant nettoyant et chargeur d'énergie, ce qui en fait le moment idéal pour ce rituel.

En conclusion, se nettoyer et se purifier ainsi que ses outils de sortilège dans la Wicca sont des pratiques vitales qui garantissent l'efficacité et le succès des travaux magiques. Ces rituels servent à éliminer les énergies négatives ou stagnantes, à créer un espace sacré et consacré et à aligner le praticien et ses outils sur ses intentions et le divin. Que ce soit par le biais de bains rituels, de purification, de visualisation, de consécration ou d'autres méthodes, les wiccans soulignent l'importance de la pureté et de l'intention dans leur pratique magique. Les wiccans peuvent aborder leurs sorts avec clarté, concentration et un lien profond avec les royaumes naturel et spirituel en adhérant à ces pratiques.

Choisir la bonne heure et la bonne phase de lune pour les sorts

Choisir la bonne heure et la bonne phase de lune pour les sorts de la Wicca est une pratique profondément enracinée dans l'accent mis par la tradition sur l'exploitation des rythmes et des énergies naturels de l'univers. Dans la Wicca, le timing est considéré comme essentiel au succès du sortilège, car il permet aux pratiquants d'aligner leurs intentions et leurs énergies sur les cycles de la nature et des corps célestes. L'un des facteurs les plus influents pour déterminer le moment optimal pour lancer des sorts est la lune, dont les différentes phases contiennent des énergies et un symbolismedistincts.Danscettesection,nousexploreronsl'importancedutiminget des phases de lune dans le sortilège Wiccan, en comprenant comment ces facteurs contribuent à l'efficacité et à la puissance des opérations magiques.

La lune a longtemps été considérée comme un symbole de mystère, de magie et d'énergie féminine. Dans la Wicca, la lune est associée à la déesse et est considérée comme une source d'inspiration, d'intuition et de transformation. On pense que les phases de la lune influencent le flux d'énergie et peuvent augmenter ou diminuer la puissance des sorts. Par conséquent, les wiccans choisissent soigneusement la phase de la lune correspondant à leurs intentions et à leurs objectifs lors de la planification de leurs sorts.

La Nouvelle Lune, la première phase du cycle lunaire, représente un nouveau départ, un nouveau départ et la plantation de graines. C'est le moment de fixer des intentions et de lancer des projets. Les sorts lancés pendant la Nouvelle Lune visent souvent à attirer de nouvelles opportunités, à initier un changement et à manifester des désirs. Cette phase est idéale pour les périodes liées à la croissance personnelle, aux nouvelles entreprises et à l'établissement d'objectifs. Les wiccans peuvent également pratiquer la divination ou la méditation pendant cette période pour avoir un aperçu de leur chemin et de leurs intentions.

La Lune croissante, qui suit la Nouvelle Lune, est une période de croissance, d'expansion et de construction d'énergie. À mesure que la lune semble grandir, l'énergie nécessaire pour atteindre les objectifs augmente également. Les sorts lancés pendant la Lune Croissante visent à accroître l'abondance, à réussir et à renforcer les efforts existants. Cette phase est bien adaptée aux périodes liées à la prospérité, à l'avancement de carrière et à l'autonomisation personnelle. Les wiccans peuvent également utiliser ce temps pour améliorer leurs compétences et leurs talents ou pour travailler sur des questions de développement personnel.

La Pleine Lune est peut-être la phase la plus puissante pour les sorts dans la Wicca. Il représente le sommet de l'énergie, de l'illumination et de l'abondance. La Pleine Lune est une période d'intuition, de capacités psychiques et de perspicacité spirituelle accrue. Les sorts lancés au cours de cette phase sont généralement axés sur l'obtention d'une puissance, d'une manifestation et d'un éclairage maximum. Il est idéal pour les sorts d'amour, de guérison, de divination et de croissance spirituelle. De nombreux wiccans mènent leurs rituels les plus importants et les plus complexes pendant la Pleine Lune pour exploiter son énergie intense.

La Lune décroissante suit la Pleine Lune et représente un moment de libération, de bannissement et de lâcher prise. À mesure que la taille de la lune semble diminuer, l'énergie nécessaire à l'élimination des obstacles et des influences négatives diminue également. Les sorts lancés pendant la Lune décroissante visent à éliminer les obstacles, à briser les mauvaises habitudes et à libérer les énergies négatives. Cette phase convient au bannissement des sorts, à la magie de protection et aux rituels de purification. Les wiccans utilisent souvent la Lune décroissante pour se purifier, nettoyer leurs espaces et leurs outils en vue d'un nouveau départ dans le prochain cycle lunaire.

La Lune Noire, la phase finale du cycle lunaire, se produit juste avant la Nouvelle Lune et représente une période de calme, de repos et d'introspection. Elle est souvent associée à l'aspect Vieilli de la déesse et symbolise le vide ou les aspects cachés de l'existence. Bien que le recours aux sorts pendant cette phase soit moins courant, cela peut être un moment puissant pour le travail de l'ombre, une introspection profonde et une connexion avec les mystères de l'inconscient. Certains wiccans choisissent de travailler avec la Lune noire pour leur transformation personnelle, leur guérison et leur divination.

En plus des phases de lune, le jour de la semaine joue également un rôle dans le timing des sorts dans la Wicca. Chaque jour de la semaine est associé à une planète spécifique et à ses énergies correspondantes, qui peuvent être exploitées pour différents types de sorts. Par exemple, le lundi est associé à la Lune et convient aux sorts liés aux émotions, à l'intuition et aux capacités psychiques. Le mardi est lié à Mars et est idéal pour les sorts de courage, de force et de protection. Le mercredi est connecté à Mercure et est propice à la communication, à la divination et à la clarté mentale. Le jeudi est associé à Jupiter et est propice aux périodes de croissance, d'abondance et d'expansion. Le vendredi correspond à Vénus et est utilisé pour les sorts d'amour, de romance et de beauté. Le samedi est lié à Saturne et convient aux sports de discipline, de protection et de bannissement. Le dimanche est connecté au Soleil et utilisé pour les sorts de réussite, de vitalité et de guérison.

Les correspondances lunaires et planétaires fournissent aux wiccans un cadre riche pour sélectionner le moment le plus approprié pour leurs sorts en fonction de leurs intentions et de leurs objectifs. En alignant leurs sorts sur ces énergies célestes, les praticiens peuvent puiser dans les rythmes naturels de l'univers pour améliorer l'efficacité de leur magie.

En plus des phases de lune et des jours de la semaine, les wiccans prennent également en compte les signes astrologiques lors de la planification des sorts. Chaque signe astrologique est associé à des qualités et énergies spécifiques qui peuvent influencer l'issue des sorts. Par exemple, les sorts lancés lorsque la Lune est en Lion peuvent être particulièrement efficaces pour améliorer la confiance en soi et la créativité, tandis que les sorts lancés lorsque la Lune est en Poissons peuvent être bien adaptés pour des questions d'intuition et de perspicacité spirituelle. Les wiccans consultent souvent les calendriers astrologiques pour déterminer les moments optimaux pour leurs sorts en fonction de la position actuelle des corps célestes.

Il est important de noter que même si le timing est un aspect crucial du sortilège dans la Wicca, il n'est pas le seul déterminant du succès. L'intention, la concentration et la croyance sont des facteurs tout aussi importants dans l'efficacité des sorts. Le timing choisi améliore et aligne ces éléments avec les énergies naturelles et cosmiques, augmentant ainsi la probabilité d'atteindre les résultats souhaités.

En conclusion, choisir la bonne heure et la bonne phase de lune pour les sorts de la Wicca est une pratique profondément enracinée dans le respect de la tradition pour la nature et le cosmos. En alignant leurs intentions sur les phases lunaires, les jours de la semaine et les influences astrologiques, les wiccans peuvent améliorer la puissance et l'efficacité de leurs sorts. Chaque phase de la lune porte son énergie et son symbolisme uniques, ce qui la rend adaptée à des types spécifiques de sorts et d'intentions. Qu'ils exploitent la croissance de la Lune croissante, l'illumination de la Pleine Lune ou la libération de la Lune décroissante, les Wiccans travaillent en harmonie avec les rythmes naturels de l'univers pour manifester leurs désirs et se connecter avec le divin. Le timing, combiné à l'intention et à l'habileté, permet aux wiccans de libérer tout le potentiel de leur pratique magique et d'approfondir leur connexion avec les forces mystiques qui les entourent.

Chapitre IV : Créer un cercle

Le but de tracer un cercle

Lancer un cercle est une pratique fondamentale et sacrée de la Wicca, servant de pierre angulaire à la plupart des rituels et sorts wiccans. Le cercle, souvent appelé « cercle de protection » ou « cercle magique », revêt une signification profonde dans la tradition wiccan. C'est une barrière symbolique et énergétique qui crée un espace sacré et consacré pour les travaux magiques, reliant le praticien aux royaumes naturels et spirituels tout en assurant protection et confinement. Cette section explorera l'objectif multiforme de la formation d'un cercle dans la Wicca, en approfondissant son symbolisme, sa signification spirituelle et ses applications pratiques au sein de l'ar tisanat.

L'un des principaux objectifs de la formation d'un cercle dans la Wicca est de créer un espace sacré et consacré pour les opérations magiques. Le cercle est une frontière séparant le monde ordinaire du domaine spirituel et magique. Lorsque le cercle est tracé, il marque la transition du pratiquant de la réalité ordinaire vers un espace où il peut communiquer avec le divin, travailler avec les énergies et effectuer des rituels ou des sorts. Cette démarcation de l'espace est cruciale pour maintenir la concentration et l'attention lors des pratiques magiques, car elle permet au praticien de sortir de ses préoccupations quotidiennes et de s'engager pleinement dans son travail spirituel.

Le cercle est souvent considéré comme une représentation de l'espace sacré au sein duquel le praticien peut travailler en harmonie avec les énergies de l'univers. C'est un microcosme du macrocosme, symbolisant l'interdépendance de toutes choses. Dans la Wicca, le cercle est généralement tracé dans le sens des aiguilles d'une montre (deosil), ce qui s'aligne sur le flux naturel d'énergie et le cycle des saisons. Lorsque le praticien marche ou trace le périmètre du cercle, il marque physiquement l'espace et renforce énergétiquement sa connexion aux énergies sacrées de la Terre et du cosmos.

Un autre objectif essentiel du cercle est de créer une barrière de protection. On pense que le cercle agit comme un bouclier qui repousse les énergies négatives, les entités ou les influences susceptibles de perturber ou d'interférer avec le fonctionnement magique. C'est un espace sûr et confiné où le praticien peut se concentrer sur ses intentions sans distractions ni intrusions. Cet aspect protecteur est particulièrement important lorsque l'on travaille avec des forces invisibles ou lorsque l'on invoque des divinités et des esprits, car il garantit que seules les énergies bienveillantes et utiles sont autorisées à entrer dans le cercle.

Dans la Wicca, il est d'usage d'invoquer les éléments aux points cardinaux du cercle :
la Terre au Nord, l'Air à l'Est, le Feu au Sud et l'Eau à l'Ouest. Cette pratique s'aligne
sur la conviction que ces énergies élémentaires sont essentielles à l'équilibre et au
succès des travaux magiques. En faisant appel aux éléments, le praticien cherche à
harmoniser ses énergies avec celles du monde naturel, en invitant les qualités de
soutien et nourricières de la Terre, la clarté et la communication de l'Air, la passion et
la transformation du Feu, ainsi que les émotions et l'intuition de l'Eau dans le cercle.
La présence des éléments améliore la connexion du praticien avec le monde naturel et
fournit un cadre pour le flux d'énergie dans l'espace sacré.

Lancer un cercle permet également d'invoquer des divinités, des esprits ou des
ancêtres, selon la tradition du pratiquant et le rituel spécifique. Les wiccans invoquent
souvent la déesse et le dieu, représentant les aspects divins féminins et masculins de
l'univers. Ces divinités sont considérées comme des forces archétypales qui incarnent
diverses qualités et attributs, ce qui en fait de précieux alliés dans les sorts et les rituels.
En invitant ces divinités dans le cercle, les Wiccans recherchent leurs conseils, leurs
bénédictions et leur aide pour atteindre leurs objectifs magiques.

De plus, le cercle sert de conteneur pour l'énergie générée lors des opérations
magiques. Dans la Wicca, la manipulation de l'énergie est un aspect fondamental des
sorts et des rituels. Le pratiquant élève l'énergie par divers moyens, tels que la
visualisation, le chant, la danse ou l'utilisation d'outils magiques, et dirige cette énergie
vers l'objectif visé. Le cercle agit comme un vaisseau qui retient et amplifie cette
énergie, lui permettant de se construire et de s'intensifier dans l'espace sacré. Cette
énergie accumulée est ensuite libérée au moment approprié, souvent pendant le point
culminant ou la période du rituel, pour manifester les intentions du praticien.

Le cercle joue également un rôle important dans l'ancrage et le centrage du praticien.
L'ancrage est le processus de connexion avec les énergies de la Terre, tandis que le
centrage implique de trouver un lieu d'équilibre intérieur et de concentration. Lorsque
le pratiquant se tient dans le cercle, il est en contact direct avec la Terre située en
dessous de lui, ce qui lui permet de tirer parti de sa stabilité et de ses qualités
d'ancrage. Le fait de tracer le cercle et d'invoquer les éléments peut également aider le
praticien à centrer son énergie, en s'alignant sur les énergies de l'univers et sur son
objectif magique. Ce processus d'ancrage et de centrage est essentiel pour maintenir la
clarté, la concentration et la stabilité pendant les opérations magiques.

De plus, le cercle représente la nature cyclique de la vie, de la mort et de la
renaissance. Tracer un cercle et travailler à l'intérieur de ses limites reflète la croyance
wiccane dans la roue de l'année, qui englobe les cycles des saisons, les phases de la
lune et les cycles de la vie et de la mort. Lorsque le pratiquant entre dans le cercle, il se

souvient de la roue toujours en rotation de l'existence et de la nature éternelle de l'âme. Le cercle devient un espace sacré où le praticien peut puiser dans les énergies de transformation, de croissance et de renouvellement.

Dans la Wicca, il existe diverses méthodes et traditions pour former un cercle, chacune avec ses rituels et son symbolisme spécifiques. Les éléments communs incluent généralement la purification de l'espace, la marche ou le traçage du périmètre du cercle avec une baguette, un athamé (couteau rituel) ou un doigt, et l'invocation des éléments et des divinités. Le praticien peut également choisir de marquer le cercle avec divers symboles ou inscriptions, tels que des pentagrammes ou des runes, pour renforcer son pouvoir et sa signification.

Une fois le cercle tracé et l'opération magique terminée, il est d'usage de fermer le cercle. Fermer le cercle est l'inverse de le lancer, souvent dans le sens inverse des aiguilles d'une montre (tibias plus larges). Cette action symbolise la libération des énergies et le retour à la réalité banale. Il est essentiel de bien fermer le cercle pour s'assurer qu'aucune énergie ou influence résiduelle ne persiste après le rituel.

En conclusion, former un cercle dans la Wicca sert de multiples objectifs interconnectés, ce qui en fait une pratique intégrale et vénérée dans la tradition. Il crée un espace sacré et consacré pour les travaux magiques, assure une protection, invoque des éléments, des divinités et des esprits, agit comme un conteneur pour l'énergie élevée, ancre et centre le praticien et symbolise la nature cyclique de la vie et de la spiritualité. Le cercle relie le banal et le magique, permettant aux wiccans de se connecter aux royaumes naturel et spirituel tout en maintenant leur concentration, leur intention et leur protection. En formant un cercle, les wiccans entrent dans un espace d'une profonde signification où ils peuvent travailler en harmonie avec les énergies de l'univers, manifester leurs désirs et approfondir leur connexion spirituelle avec les mystères de l'existence.

Guide étape par étape pour créer et fermer un cercle

Lancer et fermer un cercle dans la Wicca est une pratique fondamentale et sacrée qui constitue le fondement de la plupart des rituels et des sorts Wiccan. Le cercle est une frontière symbolique et énergétique séparant le monde ordinaire de l'espace sacré et consacré à l'intérieur. En formant un cercle, les praticiens créent une barrière qui les protège des énergies négatives et des distractions et leur permet de travailler en harmonie avec les domaines naturel et spirituel. Dans cette section, nous explorerons le processus de création et de fermeture d'un cercle dans la Wicca, y compris les rituels, les outils et le symbolisme impliqués.

Étape 1 : Préparation
Avant de commencer le processus de création d'un cercle, il est important de se
préparer physiquement et mentalement. Choisissez un espace calme et privé où vous
ne serez pas dérangé lors de votre rituel. Rassemblez tous les outils et objets dont
vous aurez besoin pour le rituel, y compris un athamé (couteau rituel), une baguette,
un calice d'eau, un encensoir avec de l'encens, des bougies et tout autre objet rituel qui
a une signification personnelle pour vous. De plus, prenez quelques instants pour vous
ancrer et vous centrer. Fermez les yeux, respirez profondément et visualisez toutes les
pensées ou énergies distrayantes s'écoulant de votre corps vers la Terre. Cette étape
vous aide à entrer dans un état de conscience et de présence ciblée.

Étape 2 : Purification
Une fois centré, il est temps de purifier l'espace et vous-même. Cette étape est
essentielle pour éliminer toutes les énergies négatives ou inactives qui pourraient
interférer avec votre rituel. Vous pouvez utiliser diverses méthodes de purification,
comme appliquer de la sauge ou de l'encens, asperger d'eau bénite ou simplement
visualiser une lumière purificatrice qui vous envahit ainsi que l'espace. Pendant que
vous purifiez, fixez l'intention que seules les énergies positives et bienveillantes soient
autorisées dans le cercle.

Étape 3 : Marquer le cercle
Une fois votre purification terminée, il est temps de marquer physiquement le
périmètre du cercle. Cela peut être fait avec un athamé, une baguette, votre doigt ou
même une corde posée au sol. En commençant par l'Est (traditionnellement associé à
l'élément Air), marchez ou tracez un cercle dans le sens des aiguilles d'une montre
(deosil). Pendant que vous faites cela, imaginez une ligne d'énergie s'élevant du sol,
formant une barrière protectrice autour de vous. En vous déplaçant, vous ne marquez
pas seulement l'espace physique, mais vous établissez également une frontière
énergétique qui sépare le monde banal de l'espace sacré à l'intérieur du cercle.

Étape 4 : Appel des quartiers
Une fois le cercle tracé, il est d'usage dans la Wicca de faire appel aux quatre éléments
situés aux points cardinaux du cercle. Chaque élément correspond à une direction et
possède ses propres qualités et symbolisme. En Orient, l'élément Air est associé à la
communication, à l'intellect et à la clarté. Au Sud, l'élément Feu représente la passion,
la transformation et l'énergie. En Occident, il invoque l'élément Eau, symbolisant les
émotions, l'intuition et la guérison. Enfin, au Nord, invoquez l'élément Terre, qui
incarne la stabilité, l'abondance et l'ancrage. Vous pouvez utiliser des mots ou des
invocations spécifiques qui vous intéressent ou suivre un script Wiccan traditionnel.

Étape 5 : Invoquer le Divin

Après l'appel des quartiers, vous pouvez choisir d'invoquer le divin ou les divinités qui revêtent une importance pour votre rituel ou vos sorts. De nombreux wiccans invoquent la déesse et le dieu, représentant les aspects féminins et masculins de la divinité. Vous pouvez les aborder d'une manière qui vous semble authentique, que ce soit par le biais de prières traditionnelles, d'invocations personnelles ou de méditation silencieuse. Cette étape est l'occasion de se connecter avec le divin, de rechercher ses conseils et ses bénédictions et d'inviter sa présence dans le cercle.

Étape 6 : Fonctionnements magiques

Avec le cercle tracé et les énergies des éléments et du divin invoquées, vous êtes maintenant dans un espace sacré et consacré prêt pour vos travaux magiques. Effectuez votre sortilège, votre rituel ou toute autre activité magique planifiée. C'est le moment de concentrer vos intentions, d'augmenter votre énergie et de la diriger vers l'objectif souhaité. Le cercle sert de conteneur pour l'énergie que vous générez, améliorant ainsi sa puissance et son efficacité.

Étape 7 : boucler le cercle

Une fois votre travail magique terminé, il est essentiel de fermer correctement le cercle. Cette étape garantit qu'aucune énergie ou influence résiduelle ne persiste après le rituel. Pour fermer le cercle, placez-vous à l'est (la direction d'où vous avez commencé) et, dans le sens inverse des aiguilles d'une montre (plus large), marchez ou tracez le périmètre du cercle. Ce faisant, visualisez la barrière protectrice se dissolvant et les énergies revenant à leur état naturel. Remerciez les éléments et les divinités ou esprits que vous avez invoqués, en exprimant votre gratitude pour leur présence et leur aide. Pendant que vous complétez le cercle, dites des mots comme "Le cercle est ouvert, mais ininterrompu. Que la paix de la déesse/dieu entre dans nos cœurs. Joyeuse rencontre, et joyeuse partie, et joyeuses retrouvailles." Cela signale la fermeture formelle de l'espace sacré.

Étape 8 : Ancrage et réintégration

Après avoir bouclé le cercle, prenez un moment pour vous ancrer et vous réintégrer dans la réalité quotidienne. Ceci est essentiel pour passer en douceur d'un état de conscience magique accru à votre conscience normale. Vous pouvez le faire en visualisant tout excès d'énergie refluant vers la Terre, en ressentant votre connexion avec le sol sous vous et en prenant progressivement conscience de votre environnement physique. C'est également le bon moment pour réfléchir à votre travail magique et aux idées ou expériences que vous avez acquises au cours du rituel.

En résumé, former et fermer un cercle dans la Wicca est un processus étape par étape qui implique la préparation, la purification, le marquage du cercle, l'appel des quartiers et l'invocation du divin, l'exécution d'opérations magiques, la fermeture du cercle, l'ancrage et la réintégration. Chaque étape est essentielle pour créer un espace sacré et consacré, protéger le praticien et améliorer l'efficacité des travaux magiques. Le cercle sert de frontière qui sépare le banal du spirituel, permettant aux wiccans de se connecter aux royaumes naturel et spirituel tout en maintenant leur concentration et leur intention. En créant et en fermant le cercle, les wiccans créent un espace sacré où ils peuvent travailler en harmonie avec les énergies de l'univers, manifester leurs désirs et approfondir leur connexion spirituelle avec les mystères de l'existence.

Invoquer les éléments et les quartiers

La Wicca, une religion païenne contemporaine de sorcellerie, met fortement l'accent sur le lien entre le pratiquant et le monde naturel. L'un des rituels fondamentaux de la pratique wiccan consiste à invoquer les éléments et les quartiers. Ce rituel est une façon d'honorer et de travailler avec les forces et directions élémentaires, qui jouent un rôle important dans la magie et la spiritualité Wiccan. Dans cette section, nous explorerons l'importance d'invoquer les éléments et les quartiers dans la Wicca, les éléments eux-mêmes (terre, air, feu et eau) et les directions (nord, est, sud et ouest) qu'ils représentent.

Pour comprendre la pratique d'invocation des éléments et des quartiers dans la Wicca, il est essentiel d'abord de reconnaître le rôle central du symbolisme et du symbolisme dans la spiritualité wiccan. Les wiccans croient que tout dans l'univers est interconnecté et ils travaillent souvent avec des symboles et des rituels pour exploiter ces connexions et exploiter leurs énergies. Les éléments et les quartiers sont d'excellents exemples de cette approche symbolique, représentant les aspects physiques du monde naturel et les qualités spirituelles et métaphysiques.

Les quatre éléments – la terre, l'air, le feu et l'eau – sont au cœur de la cosmologie wiccan. Chaque élément est lié à des qualités et des attributs spécifiques. La Terre est liée à la stabilité, à la fertilité et au domaine physique. L'air représente l'intellect, la communication et le domaine de la pensée. Le feu incarne la passion, la transformation et l'étincelle spirituelle intérieure. L'eau symbolise les émotions, l'intuition et le subconscient. En invoquant ces éléments, les Wiccans cherchent à s'accorder à ces qualités et à puiser dans leurs énergies dans des rituels et des sorts.

Les directions – nord, est, sud et ouest – détiennent également un profond symbolisme dans la pratique wiccan. Ils sont associés aux quatre points cardinaux de la boussole et sont souvent liés à des éléments et qualités spécifiques. Le Nord est associé à la terre et représente la stabilité et l'ancrage. L'Est est lié à l'air et symbolise les nouveaux départs et les activités intellectuelles. Sud incarne l'élément feu et signifie passion et transformation. L'Ouest est connecté à l'eau et représente les émotions et l'intuition. En invoquant ces directions, les Wiccans visent à créer un espace sacré aligné avec les énergies des éléments et les qualités associées à chaque direction.

Dans les rituels Wiccan, l'invocation des éléments et des quartiers implique généralement de faire appel aux énergies et aux directions élémentaires pour créer un cercle protecteur et sacré. Ce cercle agit comme une barrière entre le monde ordinaire et l'espace magique intérieur, garantissant que l'énergie soulevée pendant le rituel reste contenue et concentrée. Au sein de ce cercle, les wiccans exécutent des sorts, organisent des cérémonies et communient avec le divin.

L'invocation des éléments et des quartiers commence généralement à l'est, représentant le début d'un nouveau cycle ou d'un nouveau projet. Le praticien fait généralement face à l'est, lève un athamé (un couteau de cérémonie), une baguette ou un autre outil rituel et fait appel à l'énergie élémentaire de l'air pour l'aider dans le rituel. Cela s'accompagne souvent de la récitation d'une invocation ou d'un chant spécifique qui honore les qualités de pensée, de communication et d'intellect de l'air.

Dans le sens des aiguilles d'une montre, le quartier suivant invoqué est le sud, représentant l'élément feu. Dans le sud, les wiccans recherchent l'énergie ardente de la passion et de la transformation pour infuser leurs opérations magiques. Cette direction est associée à la volonté nécessaire pour manifester les intentions et les désirs. Le praticien peut à nouveau utiliser un outil rituel et réciter une invocation pour se connecter à l'énergie du feu.

En continuant dans le sens des aiguilles d'une montre, l'ouest est le prochain quartier invoqué, représentant l'élément eau. Ici, les praticiens exploitent les aspects émotionnels et intuitifs de leur être, l'eau symbolisant ces qualités. Ce quartier est souvent associé à la purification et à la guérison, et le praticien peut utiliser un outil rituel et réciter une invocation pour invoquer les énergies de l'eau.

Enfin, le nord est invoqué pour compléter le cercle, représentant l'élément terrestre. Le Nord est lié à la stabilité et à l'ancrage, et c'est dans ce quartier que les Wiccans recherchent la base solide sur laquelle construire leur travail magique. Le praticien peut utiliser un outil rituel et réciter une invocation pour se connecter aux énergies de la terre, garantissant ainsi que ses efforts magiques sont fermement ancrés.

Une fois que les quatre quartiers et éléments ont été invoqués, le pratiquant fait souvent appel à la déesse et au dieu ou à des divinités spécifiques avec lesquels ils travaillent pour bénir et protéger l'espace sacré. Ceci termine le processus de création d'un cercle consacré, prêt pour le travail magique. Le praticien peut alors exécuter des sorts, des rituels ou d'autres opérations magiques au sein de cet espace protégé et rechargé énergétiquement.

En plus de son importance pratique dans la création d'un espace sacré pour le travail magique, l'invocation des éléments et des quartiers de la Wicca a également une signification spirituelle plus profonde. C'est une façon pour les wiccans de se connecter avec le monde naturel, de reconnaître l'équilibre des forces opposées et d'honorer les cycles de la nature. Les éléments et les directions sont considérés comme des représentations du divin sous diverses formes, et en les invoquant, les wiccans cherchent à s'aligner sur ces énergies divines.

De plus, l'acte d'invoquer les éléments et les quartiers est le reflet de la vision du monde wiccan, qui considère la divinité comme inhérente à la nature. Les wiccans croient que le divin est présent en toutes choses, du plus petit brin d'herbe à l'immensité du cosmos. En invoquant les éléments et les quartiers, les wiccans travaillent non seulement avec ces forces élémentaires, mais reconnaissent et honorent également le divin qui réside en eux et autour d'eux.

Dans la Wicca, les éléments et les quartiers ne sont pas simplement des concepts abstraits mais des forces vivantes et dynamiques qui façonnent le voyage magique et spirituel du pratiquant. Chaque élément et direction est associé à des correspondances spécifiques, telles que des couleurs, des symboles et des outils, renforçant encore la connexion du praticien à ces énergies. Par exemple, la terre est souvent représentée par la couleur verte, le symbole du pentacle, et l'utilisation de sel ou de pierres dans les rituels. La couleur jaune, l'athamé et l'encens peuvent symboliser l'air. Le feu est associé à la couleur rouge, à la baguette et aux bougies, tandis que l'eau est liée au bleu, au calice et aux bols d'eau.

Ces correspondances relient les domaines physique et spirituel, permettant au praticien de travailler avec les éléments et les quartiers de manière tangible et symbolique. Lorsqu'elles sont combinées à l'acte d'invocation, ces correspondances aident à approfondir la connexion du praticien avec les énergies et les directions élémentaires, rendant les rituels et les sorts plus puissants et plus significatifs.

En conclusion, invoquer les éléments et les quartiers dans la Wicca est une pratique fondamentale qui joue un rôle central dans la spiritualité et la magie Wiccan. C'est un moyen symbolique et pratique pour les wiccans de se connecter avec le monde naturel, d'honorer le divin et de créer un espace sacré pour leur travail magique. Les éléments – terre, air, feu et eau – et les directions – nord, est, sud et ouest – servent de symboles puissants qui représentent à la fois les qualités physiques et métaphysiques,

et en les invoquant, les wiccans exploitent leurs énergies et leurs correspondances avec améliorer leurs fonctionnements magiques. Cette pratique approfondit la connexion
du praticien avec le monde naturel et rappelle l'interdépendance de toutes choses et la présence du divin dans tous les aspects de l'existence.

Chapitre V : Bases du lancement de sorts

Différents types de sorts (par exemple, sorts d'amour, sorts de protection, sorts de guérison)

La Wicca, une religion païenne et sorcellerie moderne, est connue pour sa riche tradition de lancement de sorts. Les sorts font partie intégrante de la pratique wiccan et sont utilisés pour manifester des intentions, se connecter aux énergies spirituelles et provoquer les changements souhaités dans la vie du pratiquant. Les sorts wiccans sont divers et polyvalents, répondant à divers besoins et objectifs. Dans cette section, nous explorerons différents types de sorts dans la Wicca, notamment les sorts d'amour, les sorts de protection, les sorts de guérison, etc., pour mieux comprendre la façon dont la magie est pratiquée dans cette spiritualité basée sur la nature.

Les sorts d'amour font partie des types de sorts les plus connus et les plus fréquemment pratiqués dans la Wicca. Ces sorts sont conçus pour attirer l'amour, améliorer les relations existantes ou promouvoir l'amour-propre et l'acceptation de soi. Les sorts d'amour peuvent être utilisés à diverses fins, depuis la recherche d'un partenaire romantique jusqu'au renforcement du lien émotionnel entre les couples. Les ingrédients courants des sorts d'amour peuvent inclure des herbes comme les pétales de rose et la lavande, des cristaux comme le quartz rose et des symboles comme les cœurs et les roses. Les praticiens utilisent souvent des techniques de visualisation, des chants et le pouvoir de l'intention pour concentrer leur énergie sur le résultat souhaité. Il est important de noter que l'éthique wiccan souligne que les sorts d'amour ne doivent être lancés qu'avec le consentement libre et éclairé de toutes les parties impliquées, car manipuler les sentiments de quelqu'un va à l'encontre du principe de ne faire de mal à personne.

Les sorts de protection sont une autre catégorie essentielle de la magie Wiccan. Ces sorts sont lancés pour protéger le praticien ou ses proches des énergies négatives, du mal et des forces malveillantes. Les sorts de protection impliquent souvent de créer des barrières ou des protections, à la fois physiques et énergétiques, pour tenir à distance les influences indésirables. Les composants typiques des sorts de protection comprennent le sel, l'eau salée, des herbes comme la sauge ou le romarin et des symboles comme le pentacle. Les rituels peuvent inclure des cercles de lancer, la visualisation d'une énergie protectrice et la récitation d'incantations ou de prières pour la sûreté et la sécurité. Les sorts de protection ne servent pas seulement à la défense personnelle, mais peuvent également être lancés pour protéger des maisons, des biens ou même des communautés entières.

Les sorts de guérison sont essentiels à la magie Wiccan et se concentrent sur la restauration du bien-être physique, émotionnel ou spirituel. Ces sorts peuvent être utilisés pour aider à se rétablir d'une maladie, à soulager la douleur émotionnelle ou à équilibrer la vie du praticien. Les sorts de guérison intègrent souvent l'utilisation d'herbes, de cristaux et de manipulations énergétiques pour diriger les énergies positives et réparatrices vers la cible prévue. Les praticiens peuvent également invoquer des divinités associées à la guérison, comme la déesse celtique Brigid ou le dieu grec Apollon, pour leur apporter leur aide divine. L'intention et la visualisation jouent un rôle crucial dans les sorts de guérison, car les praticiens canalisent leur énergie dans le processus de guérison, favorisant ainsi le bien-être holistique.

Des sorts de prospérité et d'abondance sont lancés pour attirer la stabilité financière, le succès et la richesse. Ces sorts visent à éliminer les obstacles, à ouvrir la voie à des opportunités financières et à promouvoir un flux positif d'abondance dans la vie du praticien. Les ingrédients utilisés dans les sorts de prospérité peuvent inclure des bougies vertes, des herbes qui rapportent de l'argent comme la cannelle et le basilic, et des symboles de richesse comme des pièces de monnaie ou des billets d'un dollar. La visualisation et l'intention ciblée sont des éléments clés de ces sorts, alors que les praticiens s'efforcent d'aligner leur énergie sur la fréquence de la prospérité et de l'abondance. Il est important de noter que les lignes directrices éthiques de la Wicca encouragent l'utilisation responsable et éthique de la magie de la prospérité, en soulignant l'importance de partager sa richesse et de ne pas nuire aux autres dans la recherche d'un gain financier.

Les wiccans emploient des sorts et des rituels de divination pour obtenir un aperçu, des conseils et une compréhension plus profonde des situations futures ou actuelles. Ces sorts impliquent souvent l'utilisation d'outils tels que des cartes de tarot, des runes, des miroirs ou des pendules. La divination n'est pas considérée comme une divination dans la Wicca, mais plutôt comme un moyen d'accéder à son intuition et de se connecter avec des forces spirituelles supérieures. Les praticiens utilisent la divination comme outil de croissance personnelle, d'introspection et de prise de décision. La divination permet aux wiccans de rechercher la clarté, d'explorer les résultats potentiels et de relever les défis de la vie avec sagesse et perspicacité.

Les sorts de nettoyage et de purification sont conçus pour éliminer l'énergie négative, les impuretés spirituelles ou les influences indésirables d'une personne, d'un objet ou d'un espace. Ces sorts sont essentiels au maintien d'un environnement harmonieux et énergétiquement propre. Les outils et méthodes de nettoyage courants incluent le badigeonnage avec des herbes comme la sauge ou le palo santo, l'aspersion d'eau salée et l'utilisation de techniques de visualisation pour éliminer la négativité. Les praticiens peuvent également effectuer des rituels de purification pendant des phases de lune spécifiques ou lors d'occasions propices pour garantir la pureté et la vitalité de leurs outils magiques, autels et espaces sacrés.

Des sorts de liaison et de bannissement sont lancés pour restreindre ou éliminer les individus, les énergies ou les influences nuisibles de la vie. Les sorts de liaison sont utilisés pour restreindre les actions et l'influence d'une personne ou d'une situation spécifique, tandis que les sorts de bannissement visent à supprimer complètement les entités ou énergies indésirables de la vie. Ces sorts intègrent souvent des éléments de protection et impliquent l'utilisation de représentations symboliques de la cible, comme une photographie ou un nom écrit. L'intention et la concentration sont cruciales pour lier et bannir les sorts, car les praticiens concentrent leur énergie sur le résultat spécifique qu'ils désirent tout en s'assurant qu'aucun mal n'est causé dans le processus.

Les périodes de fertilité et de croissance sont utilisées pour encourager la fertilité, que ce soit pour la terre, les cultures ou la croissance et le développement personnel. Ces sorts sont étroitement liés aux cycles de la nature et impliquent souvent des rituels et des offrandes pour honorer la Terre et les changements de saisons. Les rituels de fertilité peuvent inclure la plantation de graines, les offrandes aux esprits de la nature ou l'exécution de danses et de chants pour célébrer les forces vivifiantes de la Terre. D'un autre côté, les périodes de croissance personnelle se concentrent sur l'amélioration personnelle, la transformation personnelle et la réalisation de son potentiel.

Les rituels pour honorer les sabbats et les esbats constituent une partie importante de la pratique wiccan. Les sabbats sont des célébrations saisonnières qui marquent les tournants de l'année, comme Samhain, Yule, Imbolc, Ostara, Beltane, Litha, Lammas et Mabon. Chaque sabbat est associé à des thèmes, divinités et rituels spécifiques. D'un autre côté, les Esbats sont des célébrations mensuelles de la pleine lune, offrant l'occasion de faire des sorts, de la divination et de la méditation. Ces rituels relient les Wiccans aux cycles de la nature, aux phases de la lune et aux énergies divines associées à chaque sabbat et esbat.

En conclusion, la Wicca englobe divers sports et pratiques magiques, chacun servant un objectif distinct et reflétant les intentions et les besoins du pratiquant. Les sorts d'amour, les sorts de protection, les sorts de guérison, les sorts de prospérité et d'abondance, les sorts de divination, de nettoyage et de purification, les sorts de liaison et de bannissement, les sorts de fertilité et de croissance, et les rituels pour honorer les sabbats et les esbats ne sont que quelques exemples des diverses traditions magiques de la Wicca. . Ces sorts et rituels sont menés avec un profond respect pour la nature et l'interconnexion de toutes choses, conformément aux principes éthiques de la Wicca, qui mettent l'accent sur la responsabilité de ne nuire à personne et de préserver une relation harmonieuse avec le monde naturel. Grâce à la pratique de ces différents types de sorts, les Wiccans cherchent à exploiter les énergies de l'univers, à se connecter avec le divin et à créer des changements positifs dans leur vie et dans le monde qui les entoure.

Écrire vos propres sorts plutôt que d'utiliser ceux existants

La Wicca, une religion païenne moderne de sorcellerie, met fortement l'accent sur la pratique de la magie et du lancement de sorts comme moyen de se connecter avec le divin, de manifester ses intentions et de promouvoir la croissance personnelle. Lorsqu'il s'agit de sortilèges dans la Wicca, les praticiens sont souvent confrontés à un choix : doivent-ils écrire leurs propres sorts, en les adaptant à leurs besoins et désirs spécifiques, ou doivent-ils utiliser des sorts traditionnels existants qui ont été transmis de génération en génération ? Les deux approches ont leurs mérites, et la décision dépend des préférences, de l'expérience et des objectifs de chaque praticien.

Écrire ses propres sorts est une entreprise profondément personnelle et créative dans la Wicca. Il permet aux praticiens de créer des sorts particulièrement adaptés à leurs intentions et à leur énergie. Ce processus implique un examen attentif du résultat souhaité, des correspondances des herbes, des cristaux et d'autres outils magiques, ainsi que de l'incorporation d'un symbolisme personnel. Écrire votre propre sort vous permet d'être innovant et expérimental, en adaptant chaque aspect pour l'aligner sur votre chemin spirituel et vos objectifs.

L'un des principaux avantages de l'écriture de vos propres sorts est le sentiment d'appartenance et d'autonomisation que cela procure. Créer un sort à partir de zéro instaure un lien profond avec le processus magique. En investissant du temps et de l'énergie dans la formulation de mots, de gestes et de rituels, vous devenez co-créateur de votre réalité magique. Ce sentiment d'action peut renforcer votre confiance en vous et renforcer votre lien avec le monde spirituel.

De plus, écrire vos propres sorts permet une adaptabilité et une flexibilité. Puisque le sort vous appartient uniquement, vous pouvez le modifier à tout moment en fonction des circonstances ou des intentions changeantes. Cette adaptabilité est particulièrement précieuse lorsque l'on travaille dans des situations de vie complexes ou évolutives. Vous pouvez affiner et affiner votre sortilège selon vos besoins, en vous assurant qu'il reste pertinent et efficace.

Cependant, créer vos propres sorts peut s'avérer difficile, en particulier pour les débutants ou les moins expérimentés en création de sorts. Cela nécessite une solide compréhension des correspondances magiques, du symbolisme et des mécanismes de lancement de sorts. Les praticiens débutants pourraient trouver difficile de naviguer dans ces aspects tout en essayant de créer un sort réussi. Dans de tels cas, l'utilisation de sorts existants peut servir d'outil d'apprentissage utile et de source d'orientation.

Les sorts existants, souvent trouvés dans des livres, des ressources en ligne ou transmis par les conventions et les traditions, offrent une approche structurée et éprouvée du lancement de sorts. Ces sorts ont été testés par d'autres praticiens au fil du temps et sont connus pour produire certains résultats lorsqu'ils sont exécutés correctement. Cela peut être rassurant pour les débutants et leur procurer un sentiment de sécurité alors qu'ils se lancent dans leur voyage magique.

L'utilisation de sorts traditionnels connecte également les praticiens à la riche histoire et au patrimoine de la Wicca. Cela leur permet d'exploiter la sagesse collective de la communauté Wiccan, en honorant les pratiques de ceux qui l'ont précédée. Ce sentiment de continuité et de tradition peut être spirituellement épanouissant et aider les individus à se sentir ancrés dans leur foi.

De plus, les sorts existants peuvent être une ressource précieuse lorsque les praticiens recherchent des résultats spécifiques ou souhaitent travailler dans un cadre bien établi, comme les rituels du Sabbat ou les esbats. Ces sorts sont souvent accompagnés d'instructions et d'explications détaillées, les rendant accessibles même aux moins expérimentés.

Cependant, se fier uniquement aux sorts existants peut limiter la créativité et le lien personnel avec la magie pratiquée. Bien qu'ils offrent une approche structurée, ils peuvent ne pas s'aligner entièrement sur les intentions ou les énergies uniques d'un praticien. Certaines personnes peuvent trouver que les sorts traditionnels n'ont pas la touche personnelle et l'authenticité qu'ils désirent dans leur pratique magique.

En conclusion, choisir entre écrire vos propres sorts et utiliser ceux existants dans la Wicca est une question de préférences personnelles et de circonstances. Les deux approches ont leurs avantages et leurs inconvénients. Écrire vos propres sorts offre une expérience profondément personnelle, stimulante et flexible, permettant la créativité et l'adaptabilité. D'un autre côté, l'utilisation de sorts existants offre une structure, une tradition et un sentiment de communauté mais peut manquer de personnalisation. De nombreux wiccans choisissent de trouver un équilibre entre les deux, en s'appuyant sur les sorts existants pour obtenir des conseils et de l'inspiration, tout en créant occasionnellement les leurs pour répondre à des besoins spécifiques. En fin de compte, l'aspect le plus essentiel du sortilège dans la Wicca est l'intention et l'énergie investies, quelle que soit la voie choisie.

Le pouvoir de la visualisation et de la concentration

Dans la Wicca, une tradition païenne et de sorcellerie moderne, le pouvoir de visualisation et de concentration est un aspect fondamental et transformateur de la pratique magique. Ces compétences ne sont pas de simples outils mais font partie intégrante de l'essence des sorts, des rituels et de la croissance spirituelle Wiccan. La visualisation implique la création d'images mentales vives, tandis que la concentration permet aux praticiens de concentrer leur intention et leur énergie. Ensemble, ils forment une combinaison puissante qui peut manifester des intentions, se connecter avec le divin et approfondir le voyage spirituel.

La visualisation est la pierre angulaire de la magie Wiccan. Cela implique le processus de création mentale d'images, de scènes ou de sensations qui correspondent à l'intention magique de chacun. Visualiser un résultat souhaité, se connecter à une divinité ou s'accorder aux énergies de la nature sert de moyen de traduire l'intention en réalité. Les wiccans peuvent projeter leurs désirs et leurs intentions dans le domaine métaphysique grâce au pouvoir de l'œil de l'esprit, comblant ainsi efficacement le fossé entre les mondes spirituel et physique.

L'une des utilisations les plus profondes de la visualisation dans la Wicca est le lancement de sorts. Les praticiens visualisent souvent le résultat souhaité avec la plus grande clarté et le plus de détails lorsqu'ils exécutent un sort. Par exemple, si l'on mène un sort de guérison, on peut visualiser le destinataire en parfaite santé, entouré d'une aura rayonnante de vitalité. Cette imagerie mentale sert de conduit pour canaliser l'énergie et renforce la croyance et l'intention, qui sont des éléments essentiels d'une magie efficace.

De plus, la visualisation est un outil pour se connecter avec les divinités et autres entités spirituelles de la Wicca. Les pratiquants peuvent se visualiser dans des bosquets sacrés, des temples ou d'autres espaces sacrés, invitant la présence de dieux et de déesses dans leurs rituels. Cet acte de visualisation favorise un sentiment de communion et facilite la communication directe avec les forces divines. Grâce à cette connexion, les wiccans recherchent des conseils, de la sagesse et des bénédictions dans le domaine spirituel.

La concentration, l'art de concentrer ses pensées et ses énergies sur une tâche ou une intention spécifique, est également vitale dans la pratique wiccan. Une concentration efficace garantit que l'énergie dirigée vers un objectif particulier reste non diluée et puissante. Sans concentration, les efforts magiques peuvent être dispersés et inefficaces. C'est grâce à une concentration sans faille que les wiccans peuvent exploiter tout le potentiel de leurs capacités magiques.

Dans les rituels et les sorts, la concentration est essentielle pour maintenir le flux d'énergie et maintenir l'attention souhaitée. Les distractions, les doutes ou une concentration hésitante peuvent perturber le processus magique. Les wiccans sont encouragés à perfectionner leurs capacités de concentration grâce à la méditation, aux exercices de visualisation et à d'autres pratiques de pleine conscience. Ces techniques aident les praticiens à développer la discipline mentale nécessaire pour canaliser efficacement leur énergie.

Le pouvoir de visualisation et de concentration s'étend au-delà du domaine des sorts et des rituels. Dans la Wicca, ce sont des outils de croissance personnelle et de développement spirituel. Grâce à la méditation et à la visualisation, les praticiens peuvent explorer leurs paysages intérieurs, affronter les obstacles intérieurs et favoriser la conscience de soi. Ce voyage introspectif mène souvent à une transformation personnelle, à une guérison et à une connexion plus profonde avec son chemin spirituel.

De plus, la concentration joue un rôle crucial dans la divination, une pratique fréquemment utilisée par les wiccans pour rechercher des idées et des conseils. Qu'il s'agisse de cartes de tarot, de runes ou d'outils de divination, la divination nécessite toute l'attention et la concentration du praticien pour interpréter avec précision les symboles et les messages. Grâce à une concentration ciblée, les wiccans peuvent accéder à la sagesse du subconscient et du domaine spirituel.

Bien que le pouvoir de visualisation et de concentration de la Wicca soit indéniablement puissant, développer et maîtriser ces compétences peut être un voyage qui dure toute une vie. Maintenir une forte concentration sur les activités magiques et spirituelles peut être un défi dans un monde rempli de distractions et d'exigences. Pourtant, c'est précisément ce défi qui approfondit le lien du praticien avec son métier et sa spiritualité.

Des exercices pratiques, tels que la méditation, la visualisation et les techniques de mise à la terre, font partie intégrante du perfectionnement de ces compétences. Ces exercices améliorent non seulement la capacité de concentration, mais cultivent également l'imagination et l'intuition, essentielles à une visualisation efficace. Une pratique régulière et un dévouement sont cruciaux pour parvenir à la maîtrise de ces domaines.

En conclusion, le pouvoir de visualisation et de concentration dans la Wicca ne peut être surestimé. Ces compétences sont l'élément vital de la pratique magique, servant de conduits à l'intention, à l'énergie et à la connexion avec le domaine spirituel. Grâce à la visualisation, les Wiccans comblent le fossé entre le physique et la métaphysique, tandis que la concentration garantit que leurs efforts magiques restent concentrés et puissants. Ces compétences contribuent également à la croissance personnelle et au développement spirituel, ce qui en fait des outils essentiels pour ceux qui suivent la voie wiccan. Même si leur maîtrise peut nécessiter du dévouement et de la pratique, leur efficacité magique et les récompenses de leur illumination spirituelle sont incommensurables.

Comment augmenter et diriger l'énergie

Dans la pratique de la Wicca, la capacité à élever et à diriger l'énergie est fondamentale pour les sorts, les rituels et diverses activités magiques. L'énergie, souvent appelée « mana », « chi » ou « force vitale », est la force motrice de tout fonctionnement magique. C'est l'essence vitale qui alimente les intentions et amène les résultats souhaités. Augmenter et diriger l'énergie est un art que les wiccans cultivent pour exploiter efficacement cette force puissante. Cette section explore les techniques et méthodes employées par les Wiccans pour augmenter et diriger l'énergie dans leurs pratiques spirituelles et magiques.

Pour augmenter l'énergie de la Wicca, les pratiquants s'appuient sur leur connexion innée avec le monde naturel et la force vitale universelle. L'une des principales méthodes utilisées consiste à utiliser une intention ciblée et une visualisation. En se concentrant sur leur objectif magique, les wiccans peuvent rassembler l'énergie d'eux-mêmes, ainsi que de l'environnement, pour créer un réservoir de pouvoir. La visualisation est cruciale dans ce processus, car les praticiens s'imaginent souvent puiser de l'énergie à partir de sources telles que la terre, la lune ou le soleil, la visualisant comme une lumière rayonnante et éclatante qui coule dans leur être. Cette imagerie mentale sert de puissant catalyseur pour augmenter l'énergie.

Le contrôle de la respiration est une autre technique clé pour augmenter l'énergie. Les wiccans utilisent des exercices de respiration contrôlés pour réguler le flux d'énergie dans leur corps. Ils peuvent augmenter leur niveau d'énergie en prenant des respirations lentes et profondes et en dirigeant consciemment leur respiration vers des zones spécifiques. L'acte d'inspirer symbolise l'absorption d'énergie, tandis que l'expiration représente la libération d'énergie excédentaire ou indésirable. Les wiccans peuvent amplifier leurs réserves d'énergie grâce à une respiration consciente et se préparer à des opérations magiques.

Le mouvement et la danse sont également utilisés pour augmenter l'énergie dans la Wicca. De nombreux rituels intègrent des danses rythmées ou des balancements au rythme de la musique, créant ainsi un canal physique permettant à l'énergie de circuler.

Ces mouvements s'alignent sur les rythmes naturels de l'univers et des éléments, harmonisant le praticien avec les forces qu'il cherche à invoquer. La nature répétitive et induisant la transe de la danse permet aux Wiccans de transcender la conscience ordinaire et d'entrer dans un état accru où l'énergie peut être élevée plus efficacement.

Le chant et la vocalisation sont des méthodes supplémentaires pour augmenter l'énergie. Les wiccans utilisent des chants sacrés, des incantations et des invocations pour faire appel à des divinités, des éléments ou des esprits, invitant leur présence et leur assistance. Le pouvoir des vibrations sonores est exploité pour stimuler l'énergie et établir une connexion spirituelle. La répétition de chants ou de mantras amplifie l'énergie générée, créant une fréquence de résonance qui s'aligne sur les intentions du praticien.

Les cristaux, les herbes et autres outils magiques sont également utilisés pour augmenter et concentrer l'énergie dans la Wicca. Chaque élément est associé à des propriétés et des correspondances spécifiques qui peuvent améliorer la manipulation énergétique. Les cristaux, par exemple, peuvent absorber, amplifier ou transmettre de l'énergie, selon leur composition et leur intention. Les wiccans peuvent amplifier leurs efforts d'augmentation de l'énergie en sélectionnant les outils appropriés et en les incorporant dans leurs rituels.

Une fois l'énergie générée, l'étape suivante consiste à la diriger vers un objectif spécifique. Diriger l'énergie dans la Wicca implique de canaliser la force vitale rassemblée pour manifester des intentions et créer un changement. La visualisation et l'intention jouent un rôle central dans ce processus, car les praticiens guident mentalement le flux d'énergie vers sa destination prévue. Par exemple, lors d'un sort de guérison, les wiccans visualisent l'énergie qui enveloppe le destinataire, m'imprégnant de santé et de vitalité. Cette intention ciblée guide l'énergie pour produire le résultat souhaité.

Le geste et le mouvement sont utilisés pour diriger l'énergie avec précision. Des outils rituels tels que des atomes (couteaux rituels) et des baguettes sont utilisés pour diriger l'énergie vers l'extérieur ou l'attirer vers l'intérieur. Le mouvement de balayage d'une baguette ou la pointe pointue d'un athamé devient une extension de la volonté du pratiquant, lui permettant de manipuler l'énergie avec précision. Ces outils servent d'instruments symboliques de pouvoir et de transformation.

Les commandes et affirmations verbales aident également à diriger l'énergie. Les wiccans prononcent souvent des mots de pouvoir ou des ordres spécifiques pour guider le flux d'énergie. Ces mots sont choisis avec soin pour correspondre au résultat souhaité et pour renforcer l'intention du praticien. Les wiccans alignent leurs pensées, leurs émotions et leur énergie en vocalisant leur intention, créant ainsi une puissante synergie qui renforce le fonctionnement magique.

Les cercles et les espaces sacrés sont des aspects importants de la direction énergétique dans la Wicca. Les wiccans forment souvent un cercle comme espace protecteur et consacré dans lequel ils peuvent accomplir leurs rituels et leurs sorts. Le cercle sert de conteneur à l'énergie élevée, l'empêchant de se dissiper prématurément. À mesure que l'énergie est dirigée à l'intérieur du cercle, elle augmente en intensité et en puissance jusqu'à ce qu'elle soit libérée pour manifester le but recherché.

Les correspondances temporelles et astrologiques sont également prises en compte lors de la direction de l'énergie dans la Wicca. Les praticiens alignent leurs opérations magiques sur des phases spécifiques de la lune, des mouvements planétaires ou des signes astrologiques pour améliorer la résonance de l'énergie avec leur intention. Ces alignements créent une relation harmonieuse entre le praticien et les forces naturelles en jeu, augmentant ainsi les chances de succès.

En conclusion, la capacité d'élever et de diriger l'énergie est une compétence fondamentale dans la Wicca, permettant aux pratiquants d'exploiter la force vitale de l'univers pour leurs activités magiques et spirituelles. Les wiccans peuvent augmenter et manipuler l'énergie efficacement en utilisant des techniques telles que la visualisation, le contrôle de la respiration, le mouvement, le son et des outils rituels. L'intention concentrée et la direction précise de cette énergie sont essentielles pour manifester les intentions, se connecter avec le divin et effectuer des changements dans les domaines physique et spirituel. Grâce à une pratique assidue et à la maîtrise de ces techniques, les wiccans continuent d'exploiter le pouvoir profond et transformateur de l'énergie dans leur voyage spirituel.

Chapitre VI : Sorts pour la manifestation

Guide étape par étape pour lancer un sort de manifestation

La Wicca, une religion païenne moderne de sorcellerie, a gagné en popularité en raison de son lien profond avec la nature et le monde spirituel. L'une des pratiques fondamentales de la Wicca est le lancement de sorts, qui est souvent utilisé pour manifester des désirs, des intentions et des changements positifs dans la vie. Lancer un sort de manifestation dans la Wicca implique d'exploiter votre pouvoir intérieur, de vous connecter aux éléments et d'aligner vos intentions sur les forces naturelles de l'univers. Cette section explorera un guide étape par étape pour lancer un sort de manifestation dans la Wicca, offrant un aperçu des rituels, des outils et de l'état d'esprit requis pour une manifestation réussie.

Étape 1 : définissez votre intention
La première étape pour lancer un sort de manifestation consiste à définir clairement votre intention. Prenez le temps de réfléchir à ce que vous désirez réellement manifester dans votre vie. Il peut s'agir d'amour, de prospérité, de guérison ou de tout autre changement positif que vous recherchez. Soyez précis et concentré sur votre intention ; la clarté est essentielle pour une manifestation réussie.

Étape 2 : Sélectionnez le bon moment et le bon endroit
Le moment et le lieu sont cruciaux dans le lancement de sorts Wiccan. Sélectionnez un moment et un lieu qui correspondent à votre intention. De nombreux wiccans préfèrent lancer des sorts pendant des phases spécifiques de la lune, telles que la croissance ou la pleine lune, car on pense que ces phases amplifient l'énergie magique. Trouvez un espace calme et sacré où vous ne serez pas dérangé, de préférence en plein air dans la nature, ou créez un autel à l'intérieur avec des objets symboliques représentant les éléments.

Étape 3 : Rassemblez vos outils
Les wiccans utilisent souvent divers outils et matériaux pour améliorer l'efficacité de leurs sorts. Les outils courants comprennent des bougies, des herbes, des cristaux, de l'encens et une baguette ou un athamé (couteau rituel). Choisissez des outils qui correspondent à votre intention et aux éléments associés à votre sort. Par exemple, les bougies vertes peuvent être utilisées pour des sorts de prospérité, tandis que les cristaux de quartz rose sont idéaux pour les intentions d'amour et de guérison.

Étape 4 : créez un cercle

Avant de se plonger dans le sort lui-même, il est essentiel de créer un cercle de protection. Ce cercle est une barrière qui éloigne les énergies indésirables et amplifie l'énergie intérieure. Pour tracer un cercle, marchez dans le sens des aiguilles d'une montre autour de votre espace rituel avec votre baguette ou votre athamé, en visualisant une sphère protectrice se formant autour de vous. Ce faisant, vous pouvez réciter un chant ou une invocation pour faire appel aux éléments et aux gardiens du cercle pour leur protection.

Étape 5 : Nettoyer et purifier
Pour vous assurer que votre énergie est pure et alignée avec votre intention, il est important de vous nettoyer ainsi que vos outils. Cela peut être fait en badigeonnant de sauge ou de fumée d'encens, en saupoudrant d'eau salée ou simplement en vous concentrant sur votre respiration et en visualisant toute négativité quittant votre corps et vos outils.

Étape 6 : exécuter le sort
Il est maintenant temps d'exécuter le sort de la manifestation. Allumez vos bougies, votre encens et tout autre objet pertinent. Récitez un chant, une incantation ou une affirmation qui exprime votre intention clairement et puissamment. Visualisez votre désir de concrétiser et canalisez votre énergie et votre concentration dans cette image mentale. Vous pouvez également utiliser vos outils, tels que des cristaux ou des herbes, pour amplifier votre intention en les plaçant sur votre autel ou en les tenant dans vos mains.

Étape 7 : Exprimez votre gratitude
Après avoir investi votre énergie dans le sort, exprimez votre gratitude aux éléments, divinités ou esprits que vous avez invoqués pour leur aide. Remerciez-les pour leurs conseils et leur soutien dans la manifestation de votre intention. Cette étape est essentielle car elle reconnaît l'interdépendance de toutes choses et montre du respect pour les forces spirituelles avec lesquelles vous avez travaillé.

Étape 8 : Libérez le cercle
Une fois votre sort terminé, il est temps de libérer le cercle de protection. Marchez dans le sens inverse des aiguilles d'une montre autour du cercle avec votre baguette ou votre athamé, en visualisant l'énergie se dissipant et revenant à son état naturel. Ce faisant, exprimez votre intention de fermer le cercle et de libérer toutes les énergies dont vous n'avez plus besoin.

Lancer un sort de manifestation dans la Wicca est une pratique puissante et sacrée qui permet aux individus d'exploiter leur potentiel intérieur et de se connecter avec le monde naturel. En suivant ce guide étape par étape, les wiccans peuvent exploiter l'énergie des éléments et de l'univers pour manifester leurs désirs et leurs intentions. Il est important de se rappeler que la patience et la confiance dans le processus sont des éléments clés du succès du lancement de sorts dans la Wicca. En continuant à pratiquer et à améliorer vos compétences, vous découvrirez le potentiel de transformation de cet art ancien et mystique.

Exemples de sorts de manifestation pour divers objectifs (par exemple, abondance, amour, carrière)

La Wicca, une tradition de sorcellerie païenne moderne, met fortement l'accent sur le pouvoir de l'intention et de la manifestation. Les sports de manifestation sont un aspect fondamental de la pratique wiccan, permettant aux pratiquants d'exploiter leur énergie et leur intention pour atteindre des objectifs et des désirs spécifiques. Dans cette section, nous explorerons des exemples de sortes de manifestations pour divers objectifs, tels que l'abondance, l'amour et la carrière, soulignant la polyvalence et l'efficacité de cette pratique mystique au sein de la tradition wiccan.

L'un des objectifs les plus courants de la Wicca en matière de sorts de manifestation est d'attirer l'abondance et la prospérité dans la vie de chacun. Pour exécuter un sort de manifestation d'abondance, les pratiquants rassemblent souvent des objets symbolisant la richesse, comme une bougie verte (représentant l'argent et la croissance), un morceau de citrine (un cristal associé à l'abondance) et un petit bol de sel (pour la purification).

Commencez par créer un espace sacré et concentrez-vous sur la méditation. Allumez la bougie verte en vous concentrant sur sa flamme pour représenter vos objectifs financiers. Tenez le cristal de citrine dans votre main dominante et sentez son énergie résonner avec vos intentions. Saupoudrez une pincée de sel sur le cristal, symbolisant la suppression de tout obstacle financier.

Avec une intention claire, récitez un chant ou une incantation, telle que : « Alors que j'allume la lueur de cette bougie, l'abondance et la richesse, je les accorde maintenant. Par la Terre, par le Feu, par l'Eau et l'Air, la prospérité et la richesse, à moi. Visualisez vos objectifs financiers se manifestant pendant que vous parlez et ressentez de la gratitude pour l'abondance qui se prépare. Laissez la bougie brûler complètement et emportez la citrine avec vous pour vous rappeler votre intention.

L'amour est un autre foyer fréquent de sortes de manifestations dans la Wicca, car les praticiens cherchent à attirer des relations amoureuses ou à renforcer celles existantes. Rassemblez une bougie rose (représentant l'amour et l'affection), un cristal de quartz rose (associé à l'amour et à la guérison émotionnelle) et un petit morceau de papier pour un sort de manifestation d'amour.

Créez un espace sacré et méditez en vous concentrant sur votre chakra du cœur. Allumez la bougie rose et laissez sa douce lueur vous envelopper. Tenez le cristal de quartz rose contre votre cœur et sentez sa douce énergie rayonner d'amour et de compassion. Écrivez votre intention d'amour sur un morceau de papier, en étant précis sur les qualités que vous recherchez chez un partenaire ou sur les améliorations que vous désirez dans votre relation actuelle.

Tenez le papier près de la flamme de la bougie, en lui permettant soigneusement de s'enflammer tout en disant : « Avec cette flamme, j'allume le feu de l'amour. Que l'amour et la passion inspirent maintenant. » Brûlez le papier en toute sécurité dans un récipient résistant à la chaleur, symbolisant la libération de votre intention dans l'univers. Emportez le quartz rose avec vous ou placez-le près de votre lit en signe de votre engagement à manifester votre amour.

Un sort de manifestation de carrière peut être un outil puissant pour ceux qui cherchent à progresser dans leur carrière, à trouver un nouvel emploi ou à exceller dans leur profession actuelle. Vous aurez besoin d'une bougie jaune (représentant l'intellect et la communication), d'un morceau de pyrite (un cristal associé à l'abondance et au succès) et d'un petit bloc-notes pour exécuter ce sort.

Commencez par établir un espace sacré et méditez sur vos objectifs de carrière. Allumez la bougie jaune et considérez-la comme une balise d'inspiration et d'opportunité. Tenez le cristal de pyrite dans votre main dominante et sentez son énergie s'aligner sur vos ambitions. Notez votre intention de carrière dans le bloc-notes, en précisant vos aspirations et les étapes que vous suivrez pour les réaliser.

Avec l'intention en tête, prononcez un chant ou une incantation comme : « Par la lueur de la bougie et la puissance du cristal, je manifeste le succès et la lumière de ma carrière. Avec sagesse et diligence, je m'élèverai et atteindre mes objectifs sous les cieux. Visualisez vos objectifs de carrière se concrétiser pendant que vous récitez les mots. Gardez le bloc-notes avec vous pour suivre vos progrès et rester motivé dans vos projets de carrière.

Ces exemples illustrent la diversité des objectifs qui peuvent être atteints grâce aux sorts de manifestation de la Wicca. Qu'ils recherchent l'abondance, l'amour ou l'avancement professionnel, les praticiens Wiccan utilisent le pouvoir de l'intention, du symbolisme et de la manipulation énergétique pour apporter des changements positifs dans leur vie. Se souvenir de ces sorts doit être effectué avec sincérité, respect des énergies impliquées et un lien profond avec ses intentions pour maximiser leur efficacité. La Wicca enseigne que nous pouvons façonner notre propre destinée, et les sorts de manifestation sont un moyen puissant d'y parvenir.

Le rôle des affirmations et de la visualisation

La Wicca, une religion païenne moderne de sorcellerie, met fortement l'accent sur la spiritualité personnelle, l'autonomisation de soi et la connexion avec le divin. Parmi les différents outils et techniques utilisés dans la pratique wiccan, les affirmations et la visualisation jouent un rôle important. Ces pratiques sont utilisées pour manifester des intentions, renforcer le travail magique et promouvoir la croissance et la transformation personnelles. Dans cette section, nous approfondirons le rôle des affirmations et de la visualisation dans la Wicca, en explorant la manière dont elles sont utilisées, leur signification et leur lien avec les principes fondamentaux de cette tradition spirituelle.

Les affirmations sont des déclarations ou des phrases positives que les individus se répètent afin de changer leur état d'esprit et de concentrer leurs intentions sur un résultat souhaité. Dans la Wicca, les affirmations sont un moyen d'aligner ses pensées sur ses objectifs et aspirations magiques. Ils servent à renforcer la croyance du praticien en sa capacité à apporter des changements par sa propre volonté et intention. Par exemple, un Wiccan en quête de guérison émotionnelle peut créer une affirmation telle que « Je libère la douleur et embrasse le bien-être émotionnel » et la répéter régulièrement pendant la méditation ou le travail rituel. Ce faisant, ils renforcent leur détermination et améliorent l'efficacité de leurs opérations magiques.

Les affirmations de la Wicca sont souvent personnalisées pour répondre aux besoins et désirs spécifiques de l'individu. Ils sont rédigés avec soin en tenant compte du libellé, en veillant à ce qu'ils soient formulés de manière positive et encadrés au présent, comme si le résultat souhaité avait déjà été atteint. On pense que cette précision linguistique exploite la capacité du subconscient à accepter et à manifester l'intention déclarée. De plus, les affirmations sont généralement répétées avec concentration, permettant au praticien de s'immerger pleinement dans l'énergie de l'affir mation.

La visualisation est étroitement liée aux affirmations dans la pratique wiccan. Cela implique la création d'images mentales qui représentent de manière vivante le résultat attendu d'un sort ou d'un rituel. La visualisation est un outil puissant pour concentrer son énergie et son intention sur un objectif spécifique. Par exemple, si un Wiccan accomplit un rituel de prospérité, il pourrait se visualiser entouré d'abondance et vivre une vie de sécurité et de confort financiers. Cette visualisation renforce leur intention et leur permet de ressentir les émotions et les sensations associées au résultat souhaité.

Dans la Wicca, l'utilisation de symboles et de correspondances fait partie intégrante des affirmations et de la visualisation. Les praticiens sélectionnent des symboles, des couleurs, des cristaux, des herbes et d'autres éléments qui correspondent à leurs intentions. Ces représentations symboliques sont incorporées dans des affirmations et des exercices de visualisation pour amplifier leur efficacité. Par exemple, si un Wiccan travaille sur un sort d'amour, il peut choisir de visualiser une rose rose, symbole d'amour et de passion, tout en récitant une affirmation liée au fait d'attirer l'amour dans sa vie.

Les phases de lune sont également importantes dans le timing et la puissance des affirmations et des visualisations de la Wicca. Les wiccans sont sensibles aux différentes énergies des phases de la lune et alignent souvent leurs opérations magiques sur celles-ci. Lorsque la lune grandit, la lune croissante est associée à l'attraction et à la manifestation des désirs. Au cours de cette phase, les praticiens peuvent intensifier leurs affirmations et visualisations pour attirer ce qu'ils recherchent dans leur vie. A l'inverse, lorsque la taille de la lune diminue, la lune décroissante est liée au bannissement ou à la libération de ce qui ne leur sert plus. Grâce à des affirmations et des visualisations, les wiccans peuvent utiliser cette phase pour abandonner les pensées, habitudes ou énergies négatives.

Il est important de noter que l'efficacité des affirmations et de la visualisation dans la Wicca est étroitement liée à la croyance et à l'intention du pratiquant. Ces pratiques ne sont pas de simples vœux pieux ; ils sont profondément enracinés dans la vision du monde wiccan, qui reconnaît le pouvoir de l'individu de façonner son destin. Les wiccans travaillent souvent avec des divinités, telles que le Dieu et la Déesse, dans leur pratique magique, les considérant comme des sources de conseils et de soutien. Les affirmations et la visualisation permettent aux pratiquants de puiser dans leur divinité intérieure et de se connecter aux forces divines qui les entourent.

En conclusion, les affirmations et la visualisation font partie intégrante de la pratique wiccan, servant d'outils puissants pour manifester les intentions, promouvoir la croissance personnelle et renforcer la connexion avec le divin. Ces pratiques sont profondément enracinées dans la croyance wiccan en l'autonomisation personnelle et la capacité d'effectuer des changements positifs grâce à une intention ciblée et un alignement avec les énergies naturelles. En créant des affirmations personnalisées, en s'engageant dans des exercices de visualisation et en incorporant des symboles et des correspondances, les Wiccans exploitent le pouvoir de leur esprit et les forces de l'univers pour provoquer une transformation et atteindre leurs objectifs magiques. En fin de compte, les affirmations et la visualisation sont des rituels et un mode de vie pour ceux qui suivent le chemin wiccan, embrassant l'art de la manifestation et de la réalisation de soi.

Chapitre VII : Sorts pour la transformation

Guide étape par étape pour lancer un sort de transformation

La Wicca, une tradition de sorcellerie païenne moderne, est réputée pour sa riche tapisserie de rituels, de sorts et d'incantations. Parmi ses multiples facettes, les sorts de transformation occupent une place à part. Ces sorts permettent aux pratiquants d'exploiter les énergies de l'univers pour apporter des changements dans leur vie. Qu'il s'agisse d'une transformation personnelle ou d'un changement magique dans son environnement, lancer un sort de transformation peut être une expérience puissante et impressionnante. Cette section fournira un guide complet, étape par étape, pour lancer un sort de transformation dans la Wicca, mettant en lumière le processus mystique qui se déroule au cours de cette pratique.

La première étape pour lancer un sort de transformation est de définir une intention claire et spécifique. Les sorts Wiccan fonctionnent mieux lorsque vous avez un objectif bien défini en tête. Réfléchissez à la transformation que vous recherchez – qu'il s'agisse d'une croissance personnelle, d'une guérison ou d'un changement de circonstances. Écrivez votre intention dans une déclaration claire et affirmative. Par exemple, si vous souhaitez transformer une énergie négative en énergie positive, votre intention pourrait être : « Je transforme l'énergie négative en énergie positive pour mon plus grand bien ».

Une fois que vous avez votre intention, l'étape suivante consiste à rassembler les outils et ingrédients nécessaires à votre sort. Le choix des outils et des ingrédients peut varier en fonction de la tradition et des préférences personnelles. Cependant, certains éléments courants souvent utilisés dans les sorts de transformation incluent des bougies, des herbes, des cristaux et des symboles qui résonnent avec votre intention. Sélectionnez les éléments qui correspondent à votre objectif et vous connectent à l'énergie que vous souhaitez invoquer.

Avec votre intention et vos outils prêts, il est temps de préparer votre espace sacré. Trouvez un endroit calme et tranquille où vous pourrez concentrer votre énergie et vos intentions. Nettoyez l'espace en le maculant de sauge ou d'encens, permettant à la fumée de purifier l'environnement. Vous pouvez également créer un cercle de protection en marchant dans le sens des aiguilles d'une montre autour de la zone, en visualisant une sphère de lumière blanche ou bleue se formant autour de vous. Ce cercle sert de barrière pour garder les énergies indésirables à distance pendant votre sor tilèg e.

Maintenant que votre espace est préparé, il est temps de méditer. Asseyez-vous ou allongez-vous confortablement et prenez plusieurs respirations profondes pour vous recentrer. Fermez les yeux et visualisez votre intention prendre vie. Imaginez la transformation s'effectuant de la manière la plus vivante possible, en utilisant tous vos sens. Ressentez les émotions associées au résultat souhaité et laissez-les vous envahir. Cette étape est cruciale pour adapter votre énergie au but du sort.

Une fois que vous êtes dans un état concentré et méditatif, vous pouvez commencer à lancer votre sort de transformation. Allumez les bougies et l'encens si vous en avez et tenez les outils que vous avez choisis dans vos mains. Récitez votre intention à voix haute ou dans votre esprit, en lui insufflant la passion et la détermination de votre visualisation. Parlez clairement et avec assurance, car vos mots canalisent directement vos intentions vers l'univers.

Pendant que vous récitez votre intention, vous pouvez également choisir de faire appel aux énergies des éléments, divinités ou esprits qui résonnent avec votre objectif. Par exemple, supposons que vous recherchez une transformation et une croissance personnelles. Dans ce cas, vous pouvez invoquer l'énergie de la Terre pour l'ancrage et la stabilité ou faire appel à une déesse associée à la sagesse et à la découverte de soi. Cette étape ajoute une couche supplémentaire de puissance et de symbolisme à votre sor t.

Il est temps d'augmenter l'énergie de votre sort après avoir récité votre intention et invoqué des énergies supplémentaires. Cela peut se faire par divers moyens, comme le chant, la danse ou le tambour. Trouvez une méthode qui vous parle et qui vous permet de construire en vous une énergie forte et vibrante. Le but est d'élever cette énergie jusqu'à un sommet, créant ainsi une poussée de puissance que vous pourrez diriger vers votre intention.

Avec votre énergie élevée et votre intention fermement à l'esprit, libérez l'énergie vers votre objectif. Vous pouvez le faire en visualisant un faisceau de lumière ou une vague d'énergie quittant votre corps et se dirigeant vers la transformation souhaitée. Voyez-le fusionner avec votre intention et l'envelopper dans un cocon d'énergie, lui insufflant votre volonté. C'est le point culminant de votre sort, où la transformation commence à prendre forme sur le plan spirituel.

Pour sceller le sort, exprimez votre gratitude aux énergies, divinités ou esprits que vous avez invoqués et remerciez l'univers pour son aide. Fermez le cercle sacré que vous avez lancé au début de votre rituel en marchant dans le sens inverse des aiguilles d'une montre et en visualisant la barrière protectrice se dissolvant. Cela signifie la fin de votre sortilège.

Dans les jours qui suivent votre période de transformation, soyez ouvert aux signes et aux synchronicités de votre vie qui indiquent une progression vers votre objectif. La transformation ne se produit pas toujours du jour au lendemain, mais avec de la patience et de la foi, vous commencerez à voir les changements que vous désirez manifester dans votre vie.

En conclusion, lancer un sort de transformation dans la Wicca est une pratique puissante et sacrée qui permet aux pratiquants d'exploiter les énergies de l'univers et d'effectuer des changements dans leur vie. En définissant une intention claire, en rassemblant les outils appropriés, en préparant un espace sacré, en entrant dans un état méditatif, en invoquant des énergies, en augmentant l'énergie et en la dirigeant vers votre objectif, vous pouvez exploiter les forces de transformation pour créer un changement positif. N'oubliez pas que les sorts Wiccan sont plus efficaces lorsqu'ils sont exécutés avec révérence, concentration et un cœur pur, alors abordez votre sortilège avec sincérité et respect pour la magie qui vous entoure.

Exemples de sorts de transformation pour la croissance personnelle et la guérison

La Wicca, une religion païenne moderne de sorcellerie, a longtemps été associée à l'utilisation de sorts et de rituels pour promouvoir la croissance personnelle et la guérison. Parmi les différents types de sorts pratiqués par les Wiccans, les sorts de transformation occupent une place particulière. Ces sorts exploitent le pouvoir de l'intention, du symbolisme et des énergies naturelles pour changer positivement la vie. Dans cette section, nous explorerons quelques exemples de sorts de transformation utilisés dans la Wicca pour la croissance personnelle et la guérison, mettant en lumière les principes et les pratiques qui sous-tendent ces fonctionnements magiques.

L'un des principes fondamentaux des sorts de transformation wiccan est la compréhension que l'individu contrôle son propre destin. Ces sports permettent aux pratiquants de prendre leur vie en main et d'apporter des changements positifs. Un sort de transformation courant implique l'utilisation d'un miroir. Pour exécuter ce sort, il faut un miroir, une bougie blanche et un moment de calme et de concentration. Le praticien se regarde dans le miroir, en se concentrant sur les aspects de lui-même qu'il souhaite changer ou améliorer. Ils allument ensuite la bougie blanche, symbolisant la pureté et la transformation, et affirment à haute voix leurs intentions. Ce sort simple mais puissant améliore la conscience de soi et motive la croissance personnelle.

Un autre type de transformation largement pratiqué dans la Wicca consiste à utiliser des herbes et des bougies. Les herbes sont choisies en fonction de leurs propriétés métaphysiques et de leurs correspondances. Par exemple, le romarin peut être utilisé pour la clarté mentale, la lavande pour la guérison émotionnelle et la camomille pour la relaxation. Le praticien prépare un sachet ou un char rempli des herbes choisies, le place près d'une bougie blanche ou violette et concentre son attention sur la transformation souhaitée tout en allumant la bougie. Ce sort combine les énergies élémentaires de la terre (herbes) et du feu (bougie) pour faciliter la croissance personnelle et la guérison.

Les sorts de transformation wiccan intègrent souvent les phases de la lune, qui sont importantes dans la spiritualité wiccan. Lorsqu'elle grandit, la lune croissante est associée au fait d'attirer et de manifester des désirs. A l'inverse, la lune décroissante, lorsqu'elle diminue de taille, est liée au bannissement ou à la libération de ce qui ne nous sert plus. Un sort typique de croissance personnelle consiste à créer un tableau de vision pendant la phase de lune croissante. Les praticiens rassemblent des images, des mots et des symboles représentant leurs objectifs et leurs aspirations. Ils les disposent sur un tableau et le placent sous la lumière de la lune croissante, s'imprégnant de leur intention de manifester un changement positif.

La magie des cordes, ou sorts de nœuds, est un autre moyen efficace pour les wiccans de travailler à leur transformation personnelle. Dans cette pratique, on choisit un cordon ou un ruban d'une couleur qui correspond au changement souhaité (par exemple, vert pour la guérison ou rose pour l'amour de soi). Le praticien fait des nœuds dans la corde tout en se concentrant sur son intention, en utilisant des mots de pouvoir pour renforcer ses objectifs. Au fur et à mesure que chaque nœud est noué, le praticien visualise la transformation en cours. Une fois tous les nœuds noués, le cordon est généralement porté ou conservé dans un espace sacré comme rappel du changement souhaité et source d'énergie magique.

La croissance personnelle et la guérison peuvent également être recherchées grâce à l'utilisation d'affirmations et de visualisations dans les sorts Wiccan. Les praticiens créent souvent des affirmations personnalisées qui reflètent leurs objectifs et les répètent pendant la méditation ou le travail rituel. Des techniques de visualisation sont utilisées pour imaginer de manière vivante le résultat souhaité, en faisant appel à tous les sens pour rendre l'expérience aussi réelle que possible. Par exemple, si quelqu'un recherche une guérison émotionnelle, il peut visualiser une lumière bleue apaisante l'enveloppant, effaçant la douleur émotionnelle et le remplissant de tranquillité.

Il est important de noter que l'efficacité des sorts de transformation wiccan réside dans le rituel ainsi que dans la croyance et l'intention du praticien. La Wicca met fortement l'accent sur la spiritualité personnelle et le lien avec le divin, souvent appelé Dieu et Déesse. Ces sorts canalisent l'énergie et les intentions de chacun à travers cette connexion, s'alignant sur les forces naturelles de l'univers pour manifester le changement.

En conclusion, la Wicca offre une riche tapisserie de sorts de transformation pour la croissance personnelle et la guérison. Ces sorts s'appuient sur divers éléments, tels que des bougies, des herbes, des phases de lune, des cordons, des affirmations et des visualisations, pour permettre aux pratiquants de prendre le contrôle de leur destin et d'effectuer des changements positifs dans leur vie. Même si les rituels et les outils peuvent varier, les principes sous-jacents d'intention, de croyance et de connexion avec le divin restent constants. La magie transformatrice de la Wicca offre un chemin spirituel à ceux qui recherchent une croissance personnelle, une guérison et une émancipation, enracinée dans un profond respect du monde naturel et des mystères de l'univers.

Travailler avec des divinités et des guides spirituels dans des sorts de transfor mation

La Wicca, une tradition païenne et sorcellerie moderne, accorde une grande importance au lien spirituel entre les pratiquants et le divin. Dans le cadre de la magie Wiccan, les sorts de transformation sont un moyen de croissance personnelle, de guérison et d'autonomisation. Un aspect distinctif du sortilège Wiccan implique l'implication de divinités et de guides spirituels. On pense que ces êtres puissants sont essentiels pour aider les praticiens dans leur voyage de transformation. Dans cette section, nous explorerons le rôle des divinités et des guides spirituels dans les sorts de transformation au sein de la Wicca, en discutant de la manière dont ils sont invoqués, de leur signification et de la manière dont ils contribuent au succès de ces sorts.

Les divinités sont des figures centrales de la spiritualité wiccan et sont souvent invoquées pour aider aux sorts de transformation. Dans la Wicca, le divin est généralement considéré comme une dualité représentée par le Dieu et la Déesse, incarnant respectivement les aspects masculin et féminin de l'univers. Ces divinités sont considérées comme inhérentes, présentes dans le monde naturel et accessibles aux wiccans par le biais de rituels et de méditation. Lors de l'exécution d'un sort de transformation, un praticien peut choisir d'invoquer des divinités spécifiques dont les attributs correspondent à leurs objectifs. Par exemple, une personne cherchant une guérison émotionnelle pourrait invoquer une déesse associée à l'éducation et à la compassion, comme Déméter ou Isis. On pense qu'évoquer la divinité appropriée améliore l'efficacité du sort en faisant appel à l'énergie et aux conseils de la divinité.

Les guides spirituels, quant à eux, sont souvent considérés comme des entités individuelles ou personnelles qui offrent aux praticiens soutien, sagesse et protection. Ces guides peuvent prendre la forme d'ancêtres, d'êtres chers décédés, d'animaux totems ou d'autres êtres spirituels. Dans le contexte des sorts de transformation, les guides spirituels sont appelés à apporter perspicacité, clarté et assistance sur le chemin de la croissance personnelle et de la guérison. Un praticien peut établir une connexion avec ses guides spirituels par le biais de la méditation, de la divination ou du travail de rêve, puis demander leurs conseils lors de la création et de l'exécution de sorts. Les guides spirituels sont considérés comme de précieux alliés dans le travail magique, offrant un sentiment de connexion personnelle et d'autonomisation.

Un aspect essentiel du travail avec les divinités et les guides spirituels dans le cadre de sorts de transformation est la création d'un espace sacré et respectueux. Les wiccans créent souvent un cercle rituel, qui agit comme une frontière entre le monde ordinaire et le monde spirituel. Au sein de cet espace sacré, les praticiens invoquent la présence de la divinité ou du guide spirituel qu'ils ont choisi par le biais de prières, d'invocations ou de méditation. Le cercle sert de conduit au flux d'énergie et à la communication entre le praticien et le divin, facilitant l'échange d'intentions et de conseils.

Le rôle des divinités et des guides spirituels dans les sorts de transformation s'étend au-delà de leur simple présence ; ils sont également considérés comme des sources d'inspiration et de sagesse. Pendant le sortilège, les praticiens peuvent s'engager dans des états de méditation ou de transe pour se connecter plus profondément avec ces êtres spirituels. Dans cet état modifié de conscience, ils recherchent des idées et des messages qui peuvent les aider à leur croissance personnelle et à leur guérison. On pense que les divinités et les guides spirituels fournissent des conseils et une direction, aidant les pratiquants à comprendre les causes profondes de leurs défis et proposant des solutions pour les surmonter.

Il est important de noter que la relation entre un pratiquant et la divinité ou le guide spirituel choisi est personnelle et unique. Dans la Wicca, il existe un profond respect pour l'autonomie de ces êtres spirituels, et les pratiquants les abordent avec révérence et humilité. Les divinités et les guides spirituels ne sont pas commandés mais invités à participer au travail magique. On pense que ce respect mutuel et cette coopération renforcent l'efficacité des sorts de transformation.

Les divinités et les guides spirituels offrent également protection et conseils tout au long du processus de transformation. Le chemin de la croissance personnelle et de la guérison peut être difficile, et les praticiens peuvent rencontrer des obstacles ou une résistance intérieure. Les divinités sont souvent appelées à fournir protection et force, aidant ainsi les pratiquants à relever ces défis avec grâce et détermination. Les guides spirituels, intimement liés au voyage spirituel du praticien, offrent des idées et un soutien spécifiques à leurs besoins et objectifs individuels.

Le timing des sorts de transformation dans la Wicca est souvent aligné sur les phases de la lune, ce qui est très important dans la pratique Wiccan. Lorsque la lune grandit, la lune croissante est associée à l'attraction et à la manifestation des désirs. Durant cette phase, les pratiquants peuvent faire appel à des divinités et à des guides spirituels pour amplifier leurs intentions. A l'inverse, lorsque la taille de la lune diminue, la lune décroissante est liée au bannissement ou à la libération de ce qui ne leur sert plus. Les divinités et les guides spirituels peuvent aider au processus de lâcher prise et faciliter les changements nécessaires à la croissance personnelle et à la guérison.

En conclusion, travailler avec des divinités et des guides spirituels est fondamental pour les sorts de transformation dans la Wicca. Ces êtres spirituels, qu'il s'agisse de dieux et de déesses du panthéon Wiccan ou de guides spirituels personnels, jouent un rôle crucial en guidant, en responsabilisant et en protégeant les pratiquants dans leur voyage de transformation. Grâce aux invocations, à la méditation et aux rituels sacrés, les praticiens établissent un lien profond avec ces entités, s'appuyant sur leur sagesse et leur énergie pour manifester un changement positif dans leur vie. Les divinités et les guides spirituels sont considérés comme des alliés et des mentors, offrant à la fois soutien et perspicacité aux individus qui entreprennent le chemin de la croissance personnelle et de la guérison au sein de la riche tapisserie de la spiritualité Wiccan.

Chapitre VIII : Rituels et célébrations

Aperçu des sabbats et esbats wiccans

La Wicca, une tradition païenne et de sorcellerie moderne, célèbre diverses fêtes et rituels tout au long de l'année. Au cœur de la spiritualité wiccan se trouvent les sabbats et les esbats, qui constituent le fondement du calendrier wiccan et offrent des opportunités d'adoration, de réflexion et de magie. Dans cette section, nous explorerons la signification et les pratiques associées aux sabbats et esbats wiccans, mettant en lumière la façon dont ces observances honorent les cycles de la nature, les phases de la lune et la connexion spirituelle des pratiquants avec le divin.

Les sabbats sont les huit principales fêtes célébrées dans la Wicca, marquant les moments clés du cycle saisonnier. Ces fêtes sont divisées en Grands Sabbats et Petits Sabbats. Les Grands Sabbats sont également connus sous le nom de « jours croisés » et se situent entre les équinoxes et les solstices. Ils comprennent Samhain, Imbolc, Beltane et Lammas. Samhain, observé le 31 octobre, est considéré comme le Nouvel An Wiccan et marque le début de l'hiver. C'est le moment d'honorer les ancêtres et d'amincir le voile entre les royaumes physique et spirituel. Imbolc, célébrée le 1er ou le 2 février, annonce les premiers signes du printemps et est dédiée à la déesse Brigid. C'est une fête de purification et de nouveau départ. Beltane, célébrée le 1er mai, célèbre l'apogée du printemps et l'union du dieu et de la déesse, symbolisant la fertilité et la croissance. Lammas, célébrée le 1er août, est la première fête des récoltes, reconnaissant les sacrifices consentis par le dieu pour le bien-être de la terre.

Les petits sabbats, également connus sous le nom de solstices et d'équinoxes, marquent le changement des saisons et sont connus sous le nom de Yule, Ostara, Litha et Mabon. Noël, célébré au solstice d'hiver vers le 21 décembre, marque la renaissance du soleil et le retour progressif des journées plus longues. Ostara, observée à l'équinoxe de printemps vers le 21 mars, célèbre l'équilibre entre la lumière et l'obscurité alors que la nature se réveille de son sommeil hivernal. Litha, célébrée au solstice d'été vers le 21 juin, honore le plus fort de l'été et la puissance du soleil. Mabon, observé à l'équinoxe d'automne vers le 21 septembre, marque la deuxième récolte et un temps d'équilibre et de réflexion.

Chaque sabbat a ses propres coutumes, rituels et symbolisme. Les wiccans se rassemblent pour célébrer ces fêtes dans des cercles sacrés, souvent ornés de décorations saisonnières et d'autels dédiés à des divinités spécifiques associées à chaque sabbat. Les rituels impliquent des invocations, des offrandes et des activités qui résonnent avec les thèmes du festival. Par exemple, pendant Samhain, les pratiquants peuvent pratiquer la divination pour se connecter avec le monde des esprits, tandis que les rituels de Beltane impliquent souvent de danser autour d'un mât de mai comme symbole de fertilité.

Les esbats, quant à eux, sont les célébrations lunaires régulières de la Wicca. Ces rituels ont généralement lieu pendant la pleine lune, bien que certains pratiquants observent également la nouvelle lune. Les esbats sont le moment d'honorer les cycles de la lune, de travailler avec l'énergie lunaire et de mener des opérations magiques. La pleine lune est considérée comme une période d'énergie, d'illumination et de perspicacité spirituelle accrue, ce qui en fait une occasion idéale pour les sorts, la divination et la méditation. La nouvelle lune, en revanche, représente les débuts, ce qui la rend propice à la définition des intentions, au nettoyage et à la libération.

Les wiccans peuvent se rassembler dans un cercle sacré sous la lumière de la lune lors d'un esbat. Ils invoquent la déesse, qui est souvent associée à la lune, et peuvent également faire appel à des divinités lunaires spécifiques ou à des archétypes qui résonnent avec la phase de la lune qu'ils célèbrent. Les rituels impliquent souvent de lancer des sorts ou d'effectuer des opérations magiques qui s'alignent sur les énergies de la lune. Par exemple, lors d'un esbat de pleine lune, un pratiquant peut lancer un sort d'amour pour attirer l'amour et la passion dans sa vie, tandis qu'un esbat de nouvelle lune peut être consacré à la libération d'énergies ou d'habitudes négatives.

Une pratique courante lors des esbats consiste à « faire descendre la lune ». Cela implique que la grande prêtresse ou le prêtre invoque la déesse et permette à sa présence d'entrer dans son corps. On pense que cette possession facilite une connexion directe avec le divin, permettant au pratiquant de canaliser l'énergie et la sagesse de la déesse. Faire descendre la lune est une expérience puissante et transformatrice, et c'est souvent le point culminant des rituels d'esbat.

Le calendrier des esbats est étroitement lié au calendrier lunaire, et certains Wiccans peuvent suivre un calendrier d'esbat spécifique basé sur les phases de la lune. D'autres peuvent célébrer des esbats lorsqu'ils ressentent un lien fort avec l'énergie de la lune ou ont des objectifs magiques spécifiques en tête. La flexibilité de l'observance de l'esbat permet aux pratiquants d'aligner leur magie lunaire sur leurs besoins et intentions individuels.

En conclusion, les sabbats et les esbats wiccans font partie intégrante de la spiritualité wiccan, fournissant un cadre pour se connecter aux cycles de la nature et de la lune, honorer le divin et pratiquer la magie. Les sabbats marquent les tournants de l'année, célébrant les changements de saisons et les mystères de la vie et de la mort. À l'inverse, les Esbats se concentrent sur les phases de la lune, exploitant l'énergie lunaire pour une croissance personnelle et magique. Ensemble, ces observances approfondissent le lien spirituel des wiccans avec le monde naturel et le divin, favorisant un sentiment de respect et d'autonomisation au sein de la communauté wiccan.

Comment célébrer la Roue de l'année

La Roue de l'Année, calendrier sacré et cyclique, est au cœur de la spiritualité et de la pratique Wiccan. Il marque le changement des saisons, les cycles de la nature et le rythme de la vie elle-même. La célébration de la Roue de l'Année est un aspect central de l'observance religieuse wiccan, chacune de ses huit fêtes, connues sous le nom de Sabbats, ayant une signification unique. Cette section explore la manière dont les Wiccans célèbrent la Roue de l'Année, en approfondissant les coutumes, les rituels et les significations spirituelles associées à chacune de ces fêtes.

Samhain, qui est généralement observé dans la soirée du 31 octobre au 1er novembre, marque le début de l'année wiccan. On pense que Samhain est une période où il y a moins de séparation entre les domaines physique et spirituel, ce qui facilite la communication avec les ancêtres et les esprits. Les wiccans honorent leurs proches décédés en installant des autels ancestraux, en laissant des offrandes et en allumant des bougies. C'est aussi un moment de divination et de réflexion sur l'année écoulée. De nombreux wiccans organisent des dîners stupides, des repas silencieux pour les défunts, dans le cadre de leurs traditions Samhain.

Noël, célébré du 20 au 23 décembre, marque le solstice d'hiver, la nuit la plus longue de l'année. Les wiccans accueillent favorablement le retour de la lumière du soleil et la promesse du printemps. Les célébrations de Noël comprennent souvent l'allumage d'une bûche de Noël, la décoration d'un arbre à feuilles persistantes, l'échange de cadeaux et des festins pour symboliser le retour de la chaleur et de l'abondance. La naissance du Dieu Soleil, souvent représenté comme l'Enfant Divin, est un thème central de Noël, reflétant l'espoir et le renouveau de la saison.

Imbolc, survenant le 1er ou le 2 février, indique la mi-chemin entre le solstice d'hiver et l'équinoxe de printemps. Il célèbre les premiers signes du printemps et la puissance croissante du Dieu Soleil. Les wiccans honorent la déesse celtique Brigid, associée à la guérison, à la poésie et à l'artisanat. Les rituels consistent souvent à allumer des bougies, à fabriquer des croix de Brigid et à bénir des outils et des graines pour la saison de plantation à venir. Imbolc est un moment de nettoyage et de purification, tant physiquement que spirituellement.

Ostara, célébrée autour de l'équinoxe de printemps (du 20 au 23 mars), marque l'arrivée officielle du printemps lorsque le jour et la nuit s'équilibrent. Les wiccans célèbrent la fertilité de la Terre et l'éveil de la vie dans la nature. Les traditions incluent la coloration et l'échange d'œufs, symbolisant une nouvelle vie, et la plantation de graines pour se connecter à la renaissance de la Terre. De nombreux wiccans organisent également des rituels pour accueillir la déesse Eostre, dont la fête tire son nom.

Beltane, qui a lieu le 1er mai, célèbre la fertilité, la passion et l'union du Dieu et de la Déesse. Cela marque le début des mois les plus chauds et l'épanouissement de la nature. L'une des coutumes les plus emblématiques de Beltane est la danse du Maypole, où les participants tissent des rubans autour d'un grand poteau. Des feux de joie sont également allumés pour symboliser la force croissante du Dieu Soleil. C'est une période d'amour, de sensualité et de réjouissances alors que les Wiccans embrassent la vitalité et la passion de la vie.

Litha, célébrée au solstice d'été (du 20 au 23 juin environ), est le moment d'honorer la hauteur de la puissance du Dieu Soleil et l'abondance de la Terre. Les wiccans se rassemblent souvent à l'extérieur pour regarder le lever ou le coucher du soleil, exprimant leur gratitude pour l'énergie vitale du soleil. Les rituels peuvent impliquer d'allumer des feux de joie, de danser et de confectionner des couronnes de fleurs. Litha est un moment d'autonomisation personnelle, exploitant l'énergie du Soleil pour la force intérieure et la croissance personnelle.

Lughnasadh, observé le 1er août, marque le début de la saison des récoltes. C'est le moment de célébrer la générosité de la Terre et du dieu celtique Lug, qui représente l'artisanat et le savoir-faire. Les wiccans se livrent à diverses activités, telles que la cuisson du pain, l'artisanat et la participation à des sports et à des jeux. Certains créent des chariots de maïs pour représenter l'esprit des récoltes, tandis que d'autres se lancent dans des activités compétitives pour honorer les prouesses mythiques de Lugh.

Mabon, célébré à l'équinoxe d'automne (vers le 20-23 septembre), est le moment de remercier pour les récoltes et de se préparer aux mois les plus froids à venir. Les wiccans réfléchissent à l'équilibre entre la lumière et l'obscurité et au besoin d'équilibre intérieur. Les rituels peuvent inclure des offrandes de fruits et de légumes, la création d'un journal de gratitude et la décoration de l'autel avec des symboles automnaux. C'est un moment d'introspection, d'expression de gratitude et de recherche d'un équilibre intérieur.

En plus des coutumes spécifiques associées à chaque sabbat, les wiccans accomplissent souvent des rituels pour se connecter aux énergies de la saison, s'harmoniser avec le monde naturel et honorer les divinités pertinentes à cette période de l'année. Ces rituels impliquent généralement de former un cercle, d'invoquer les quartiers (représentant les quatre éléments) et de faire appel à des divinités ou énergies spécifiques associées au Sabbat. Les rituels peuvent également inclure des sorts, de la divination, de la méditation et des festins communautaires.

En conclusion, célébrer la Roue de l'Année dans la Wicca est une pratique profonde et profondément spirituelle qui relie les Wiccans aux cycles de la nature, des saisons et du divin. Chacun des huit sabbats a sa propre signification unique, offrant des opportunités de réflexion, de célébration et de magie. À travers des rituels, des coutumes et des rassemblements communautaires, les Wiccans adoptent la roue en constante rotation comme source d'inspiration, de croissance et de connexion avec les royaumes naturels et spirituels. La Roue de l'Année est un rappel constant de l'interdépendance de toute vie et de la puissance durable de la Terre et de ses cycles.

Exemples de rituels pour chaque sabbat

La Wicca, une religion païenne et sorcellerie contemporaine, célèbre la Roue de l'Année, qui comporte huit Sabbats, ou fêtes saisonnières, qui marquent le changement des saisons et des cycles de la nature. Chaque sabbat a ses rituels, son symbolisme et sa signification uniques au sein de la tradition Wiccan. Ces rituels permettent aux wiccans de se connecter avec la nature, d'honorer leurs divinités et d'exercer une magie alignée sur les énergies de chaque saison. Cette section explorera des exemples de rituels pour chacun des huit sabbats de la Wicca.

Le premier Sabbat, connu sous le nom de Samhain, tombe le 31 octobre et est souvent appelé le Nouvel An des Sorcières. Il indique la fin de la saison des récoltes et le début de l'hiver. Un rituel courant de Samhain consiste à installer un autel ancestral, où les Wiccans honorent leurs proches décédés et communiquent avec le monde des esprits. Les participants peuvent également pratiquer la divination pour avoir un aperçu de l'année à venir.

Après Samhain est Noël, qui est célébré au solstice d'hiver, généralement vers le 21 décembre. Ce sabbat est une période de renaissance et de renouveau alors que les jours commencent à rallonger. Un rituel de Noël comprend souvent l'allumage d'une bûche de Noël, la décoration d'un arbre à feuilles persistantes et l'échange de cadeaux. Les wiccans honorent également le retour du Dieu Soleil pendant cette période, symbolisant le triomphe de la lumière sur les ténèbres.

Imbolc, célébré le 2 février, marque la mi-chemin entre le solstice d'hiver et l'équinoxe de printemps. Ce sabbat se concentre sur la purification et les premiers signes du printemps. Un rituel Imbolc courant consiste à allumer des bougies pour représenter la lumière qui revient et à s'engager dans la croissance personnelle et l'amélioration de soi.

Ostara, célébrée à l'équinoxe de printemps, vers le 21 mars, accueille l'arrivée du printemps. Les wiccans peuvent accomplir un rituel qui consiste à planter des graines, à colorer des œufs et à décorer un autel avec des fleurs printanières et des symboles de fertilité. C'est le moment de célébrer l'équilibre entre la lumière et l'obscurité, alors que le jour et la nuit deviennent de même durée.

Beltane, qui a lieu le 1er mai, est un joyeux sabbat qui célèbre la fertilité, l'amour et l'union du Dieu et de la Déesse. Un rituel Beltane comprend souvent danser autour d'un mât de mai, allumer des feux de joie et des couples sauter par-dessus les feux pour avoir de la chance et se purifier. C'est le moment pour les Wiccans d'honorer les énergies passionnées de la saison.

Litha, également connu sous le nom de solstice d'été, tombe vers le 21 juin et constitue une période de lumière et de puissance maximales. Les wiccans célèbrent le soleil à son zénith et les rituels peuvent impliquer d'allumer un feu de joie, de confectionner des couronnes de fleurs et de se connecter à l'énergie du soleil pour l'autonomisation et la transformation personnelles.

Le 1er août, Lammas marque les premières vendanges et le début de la descente vers la moitié la plus sombre de l'année. Un rituel de Lammas comprend souvent la cuisson et le partage du pain fabriqué à partir des premiers grains récoltés, la reconnaissance pour l'abondance de la Terre et les offrandes aux divinités de la récolte.

Enfin, Mabon, célébré à l'équinoxe d'automne, vers le 21 septembre, représente un temps d'équilibre et de réflexion. Les wiccans remercient pour les fruits de leur travail et se préparent pour les mois d'hiver à venir. Un rituel Mabon peut impliquer de créer un autel de récolte, d'effectuer une divination pour avoir un aperçu de la saison à venir et de partager un festin avec ses proches.

En conclusion, les Sabbats Wiccan sont un aspect central de la pratique spirituelle Wiccan, fournissant un cadre pour se connecter aux rythmes de la nature, aux cycles de la vie et aux énergies du divin. Chaque sabbat offre aux wiccans une occasion unique de célébrer, de réfléchir et de faire de la magie en harmonie avec le changement des saisons. Ces exemples de rituels donnent un aperçu de la tapisserie riche et diversifiée des traditions wiccanes, où la nature et la spiritualité sont intimement tissées, offrant aux praticiens une connexion profonde et significative avec le monde qui les entoure.

Les rituels lunaires et leur signification

Les rituels lunaires occupent une place centrale et sacrée dans la pratique de la Wicca, une religion païenne et sorcellerie contemporaine qui vénère la nature et ses cycles. Les wiccans se connectent profondément aux phases de la lune, puisant dans ses énergies pour améliorer leurs effets magiques, célébrer le divin et acquérir des connaissances spirituelles. Dans cette section, nous explorerons la signification des rituels lunaires dans la Wicca, en examinant les différentes phases de la lune et leurs rituels correspondants, ainsi que le rôle profond de la lune dans la spiritualité Wiccan.

La Wicca reconnaît la lune comme un symbole puissant de la Déesse, du féminin divin et une source de pouvoir spirituel. Les phases de la lune, qui passent par la Nouvelle Lune, le Croissant croissant, le Premier quartier, la Gibbeuse croissante, la Pleine
Lune, la Gibbeuse décroissante, le Troisième quartier et le Croissant décroissant, sont considérées comme le reflet du voyage de la Déesse : sa croissance, sa plénitude et son éventuelle évolution. déclin. Chaque phase possède des propriétés magiques uniques et est associée à des rituels spécifiques.

La Nouvelle Lune marque le début du cycle lunaire et est une période de nouveaux départs, d'intentions et de définition d'objectifs. Les wiccans accomplissent souvent des rituels pendant la Nouvelle Lune pour planter les graines de leurs désirs. Ces rituels consistent à allumer une bougie, à méditer sur leurs intentions et à exécuter des sorts ou des opérations magiques liées à la manifestation et à l'initiation.

Les wiccans se concentrent sur la croissance et le développement alors que la lune commence à croître, entrant dans la phase du croissant croissant. Cette phase est idéale pour les rituels qui soutiennent la croissance personnelle, la créativité et la construction d'une énergie positive. Les wiccans peuvent allumer une bougie verte pour symboliser la croissance et accomplir des rituels pour attirer l'abondance et la prospérité dans leur vie.

La phase du premier quartier, également connue sous le nom de demi-lune croissante, est une période d'action et de dépassement des obstacles. Les wiccans peuvent effectuer des rituels pour éliminer les barrières, libérer l'énergie négative et gagner en force pour poursuivre leurs objectifs. Cette phase est associée à l'élément feu, symbolisant la détermination et la motivation.

La phase Waxing Gibbous est un temps de raffinement et de préparation. Les wiccans utilisent cette phase pour les rituels afin d'affiner leurs intentions, de revoir leurs progrès et de procéder à des ajustements si nécessaire. C'est une période de réflexion et de perspicacité, où les praticiens gagnent en clarté sur leur chemin.

La Pleine Lune est peut-être la phase la plus importante et la plus célébrée des rituels lunaires wiccans. Il marque le sommet du cycle lunaire et est associé à la Déesse dans sa plénitude et sa puissance. Les rituels de pleine lune sont divers et peuvent inclure des pratiques telles que dessiner la lune, où les wiccans invoquent l'énergie de la déesse, ou effectuer des opérations magiques liées à l'amour, à la guérison et à la divination. De nombreux clans et pratiquants solitaires se réunissent pour célébrer la Pleine Lune, partageant leurs intentions, leurs expériences et la magie du moment.

Alors que la lune diminue, passant à la phase gibbeuse décroissante, les wiccans se concentrent sur la libération et le lâcher prise. Cette phase est idéale pour les rituels qui bannissent les influences négatives, brisent les mauvaises habitudes ou éliminent les obstacles sur le chemin. Les wiccans peuvent choisir d'effectuer un rituel de nettoyage et de purification pendant cette période.

La phase du troisième trimestre, également connue sous le nom de dernier trimestre, est une période de réflexion et d'évaluation. Les wiccans utilisent ce temps pour évaluer les résultats de leurs intentions définies lors de la Nouvelle Lune et effectuer les ajustements ou corrections nécessaires. C'est un moment d'équilibre et d'introspection.

La phase du Croissant Décroissant, la dernière étape du cycle lunaire, représente la clôture et la préparation du prochain cycle. Les wiccans peuvent effectuer des rituels de gratitude et de libération pendant cette période, exprimant leur gratitude pour les leçons apprises et libérant toute énergie résiduelle du cycle précédent. C'est un temps de repos et de restauration.

La signification des rituels lunaires dans la Wicca s'étend au-delà des aspects pratiques du sortilège et de la définition des intentions. Les rituels lunaires servent également aux Wiccans pour se connecter avec le divin, honorer la Déesse et approfondir leur conscience spirituelle. Les phases en constante évolution de la lune reflètent la nature cyclique de la vie, de la mort et de la renaissance, s'alignant sur les croyances fondamentales de la Wicca concernant la réincarnation et l'interconnexion de tous les êtres vivants.

De plus, les rituels lunaires procurent un sentiment de communauté et d'expérience partagée entre les Wiccans. De nombreux wiccans se rassemblent en convents ou en cercles pour célébrer ensemble la lune, créant ainsi un fort sentiment d'unité et de soutien au sein de leur communauté spirituelle. Les rituels lunaires favorisent un profond sentiment de connexion non seulement avec la lune elle-même, mais aussi avec les autres pratiquants et la tapisserie plus large de la nature et du divin.

En conclusion, les rituels lunaires revêtent une signification profonde dans la Wicca, car ils constituent un outil puissant pour le travail magique, la croissance personnelle et la connexion spirituelle. Les phases de la lune, de la Nouvelle Lune au Croissant décroissant, offrent un cadre structuré aux wiccans pour exploiter les énergies de la lune et aligner leurs intentions sur les cycles de la nature. Ces rituels sont pratiqués et profondément spirituels, offrant aux wiccans un moyen de communier avec la Déesse, de célébrer le divin et de renforcer leurs liens les uns avec les autres et avec le monde naturel.

Chapitre IX : Dépannage et erreurs courantes

Pièges courants dans le lancement de sorts et le travail rituel

La Wicca, une tradition païenne et de sorcellerie moderne, met l'accent de manière significative sur le lancement de sorts et le travail rituel en tant que parties intégrantes de sa pratique. Ces pratiques magiques permettent aux wiccans de manifester leurs intentions, de communier avec le divin et de s'accorder aux rythmes de la nature. Cependant, comme toute forme de travail magique ou spirituel, le lancement de sorts et le travail rituel dans la Wicca peuvent être semés d'embûches et de défis. Dans cette section, nous explorerons certains des pièges courants que les wiccans peuvent rencontrer dans leur travail de lancement de sorts et de rituels, ainsi que les stratégies permettant de les éviter ou de les surmonter.

Le manque de concentration et d'intention est l'un des pièges les plus courants dans le lancement de sorts et le travail rituel. Une magie efficace nécessite une intention claire et spécifique, mais de nombreux wiccans peuvent se lancer dans des sorts ou des rituels sans définir pleinement leurs objectifs. Pour éviter cet écueil, il est essentiel de prendre le temps de méditer, de réfléchir et de clarifier le résultat souhaité de l'opération magique. Définir une intention spécifique améliore l'efficacité du sort et garantit que l'énergie du praticien est correctement canalisée.

Un autre piège courant est le manque de préparation adéquate. Une bonne préparation implique de rassembler tous les outils et matériaux nécessaires, de purifier l'espace rituel, de s'ancrer et de se recentrer. Négliger ces étapes peut entraîner un rituel perturbé ou inefficace. Les wiccans doivent planifier méticuleusement leurs rituels, en s'assurant qu'ils disposent de tout ce dont ils ont besoin, et prendre le temps de consacrer et de nettoyer leurs outils et leur espace.

L'incohérence dans la pratique constitue un autre écueil. Certains wiccans peuvent exécuter des sorts et des rituels de manière sporadique, sans maintenir une pratique régulière. La magie est une compétence qui nécessite d'être perfectionnée et raffinée grâce à des efforts constants. Pour éviter cet écueil, les praticiens doivent régulièrement établir une routine et consacrer du temps à leur métier. La cohérence améliore non seulement la compétence magique, mais approfondit également le lien spirituel.

Des sorts et des rituels trop complexes peuvent également constituer un défi. Certains wiccans peuvent devenir amoureux de rituels élaborés, de correspondances complexes et d'incantations alambiquées, croyant que plus c'est toujours mieux. Cependant, la complexité peut prêter à confusion et détourner l'attention de l'intention fondamentale. Garder les sorts et les rituels simples et directs est souvent plus efficace, en se concentrant sur la pureté de l'intention et la force de la volonté.

Un piège courant concernant l'intention est le manque de croyance ou de doute dans le succès du sort ou du rituel. Le doute peut être une puissante contre-force au fonctionnement magique, sapant la confiance et l'énergie du praticien. Pour remédier à cet écueil, il est crucial de cultiver un profond sentiment de croyance et de confiance dans ses capacités de sorcière. Les techniques de visualisation et les affirmations positives peuvent aider à renforcer la confiance et à bannir le doute.

Un autre écueil qui peut entraver le travail magique est l'impatience. La magie opère souvent de manière subtile et en son temps, et les résultats immédiats ne sont pas toujours garantis. Certains wiccans peuvent devenir frustrés ou découragés s'ils ne voient pas de résultats rapides. La patience est une vertu dans le lancement de sorts et le travail rituel, et les praticiens doivent comprendre que l'univers peut avoir sa propre chronologie pour manifester les intentions.

Ne pas tenir compte des implications éthiques est un piège qui peut avoir de graves conséquences. Les Wiccans suivent le Wiccan Rede, en mettant l'accent sur le principe de « ne faire aucun mal ». Ignorer les considérations éthiques et tenter de manipuler ou de nuire aux autres par la magie peut entraîner des répercussions négatives. Il est essentiel pour les wiccans de toujours aligner leurs opérations magiques sur des principes éthiques et moraux.

Une mise à la terre et un centrage inadéquats peuvent également être un piège courant. Ne pas s'ancrer et se centrer avant de s'engager dans un travail magique peut entraîner une énergie dispersée et un état d'esprit déséquilibré. Les techniques d'ancrage et de centrage, telles que la visualisation ou la méditation, aident les Wiccans à se connecter aux énergies terrestres et à maintenir leur concentration et leur stabilité.

Enfin, le manque de tenue de registres et de réflexion est un écueil qui peut entraver la croissance et la compréhension d'un praticien. Tenir un journal magique pour enregistrer les détails des sorts et des rituels, leurs résultats et toutes les informations acquises est essentiel pour la croissance et l'amélioration personnelles. Sans dossier, il devient difficile d'apprendre de ses expériences et de perfectionner son métier.

En conclusion, même si le lancement de sorts et le travail rituel font partie intégrante de la pratique wiccan, ils ne sont pas sans pièges et défis. La prise de conscience de ces pièges courants, tels que le manque de concentration, une préparation inadéquate, l'incohérence, le doute, l'impatience, les préoccupations éthiques, etc., peut aider les

Wiccans à naviguer plus efficacement dans leur voyage magique. En prenant le temps de perfectionner leurs compétences, de cultiver leur croyance et de maintenir leur intégrité éthique, les praticiens peuvent exploiter le pouvoir de la magie de manière significative et transformatrice, en s'alignant sur les principes fondamentaux de la Wicca.

Comment gérer les périodes infructueuses

Le travail de la magie fait partie intégrante de la pratique wiccan, permettant aux pratiquants d'exploiter leur intention, leur énergie et leur connexion avec le divin pour manifester leurs désirs. Cependant, tous les sorts ne donnent pas les résultats escomptés. Les sorts infructueux sont une expérience courante chez les Wiccans et peuvent être décourageants, conduisant à des doutes sur leurs capacités ou sur l'efficacité de la magie. Pourtant, dans la Wicca, le concept de gestion des sorts infructueux est considéré comme une opportunité de croissance, d'apprentissage et de compréhension plus profonde du métier. Dans cette section, nous explorerons diverses stratégies et perspectives sur la façon de gérer les sorts infructueux dans la Wicca.

Avant toute chose, il est essentiel de reconnaître que tous les sorts ne réussiront pas, et c'est tout à fait normal. La magie est un art complexe et subtil, influencé par de nombreux facteurs, notamment le timing, l'intention, l'alignement des énergies et les circonstances externes indépendantes de la volonté du praticien. Accepter la possibilité d'un échec dans le cadre du voyage magique est la première étape pour gérer les périodes infructueuses avec grâce et résilience.

Une approche pour faire face aux périodes d'échec consiste à s'engager dans une auto-réflexion. Après qu'un sort n'a pas donné les résultats escomptés, prenez le temps d'introspection. Demandez-vous si votre intention était claire et spécifique, si votre énergie était correctement concentrée et si vous croyiez sincèrement au succès du sort. L'auto-réflexion vous permet d'identifier les domaines potentiels d'amélioration de votre technique de lancement de sorts et vous aide à mieux comprendre vos motivations et vos intentions.

Un aspect essentiel de la pratique wiccan est la considération éthique du fonctionnement magique de chacun. Il est essentiel de s'assurer que vos sorts sont alignés sur le Wiccan Rede, qui met l'accent sur le principe de « ne faire aucun mal ». Si votre sort visait à nuire ou à manipuler les autres, l'échec pourrait être le reflet d'un déséquilibre éthique dans vos intentions. Dans de tels cas, il est crucial de réévaluer vos objectifs magiques et de chercher à les aligner sur les principes éthiques.

Une autre approche intéressante consiste à considérer le moment choisi pour votre sort. Les phases de la lune, les influences planétaires et le climat astrologique actuel peuvent tous jouer un rôle dans l'efficacité d'un sort. Il est possible que le moment ne soit pas idéal pour votre intention spécifique. Pour gérer les sorts infructueux, vous pouvez travailler à affiner votre compréhension des correspondances astrologiques et du timing optimal pour différents types de magie.

Parfois, des facteurs externes indépendants de votre volonté peuvent influencer l'issue d'un sort. Il est important de se rappeler que la magie existe dans le contexte du monde physique, où les événements et circonstances externes peuvent interférer avec vos intentions. Si vous pensez que des influences extérieures ont joué un rôle dans l'échec de votre sort, réfléchissez aux moyens de protéger et de renforcer votre travail magique à l'avenir.

Dans la Wicca, la « loi triple » ou la « loi du retour » est souvent invoquée, suggérant que l'énergie que vous envoyez dans le monde vous reviendra triple. Si votre sort échoue, l'univers peut avoir un plan différent pour vous, un plan qui correspond à votre bien le plus élevé. Gérer les périodes infructueuses dans cette perspective vous permet d'être sûr que le résultat peut avoir un objectif plus important, même s'il n'est pas immédiatement évident.

En cas de périodes infructueuses, demander conseil à des praticiens ou à des mentors plus expérimentés peut s'avérer extrêmement utile. Ils peuvent offrir des idées, des conseils et un soutien basés sur leurs propres expériences en matière de gestion des périodes infructueuses. Apprendre des autres peut vous aider à affiner vos compétences et à créer un sentiment de communauté et de validation pendant les périodes difficiles.

La répétition peut également être une stratégie précieuse. Si un sort ne réussit pas du premier coup, envisagez de le réexaminer plus tard, peut-être pendant une période astrologiquement plus favorable ou après avoir perfectionné vos compétences magiques. Des efforts répétés peuvent démontrer votre engagement et votre détermination, conduisant souvent à de meilleurs résultats.

En outre, considérez la possibilité d'un timing divin. Dans la Wicca, on croit que le divin opère selon son propre calendrier, et ce qui peut sembler un sort infructueux aujourd'hui pourrait s'aligner sur votre chemin à l'avenir. La patience et la confiance dans le timing de l'univers peuvent être essentielles lors de la gestion de périodes infr uctueuses.

En conclusion, gérer les périodes d'échec dans la Wicca est un processus à multiples facettes qui nécessite une réflexion personnelle, une considération éthique et une volonté d'apprendre et de grandir. Reconnaître que l'échec fait naturellement partie du voyage magique permet aux wiccans d'aborder les périodes infructueuses avec résilience et grâce. En examinant les facteurs qui ont pu contribuer à l'échec du sort, en recherchant les conseils des autres et en considérant le but principal derrière le résultat, les praticiens peuvent continuer à affiner leurs compétences magiques et à approfondir leur compréhension du métier. En fin de compte, dans la Wicca, le voyage magique est aussi précieux que la destination, et chaque sort, réussi ou non, contribue à la croissance spirituelle du pratiquant et à sa connexion avec le divin.

Conseils pour maintenir l'équilibre dans votre pratique

La Wicca, une spiritualité païenne moderne basée sur la sorcellerie, met l'accent sur l'harmonie, l'équilibre et l'interconnexion de toutes choses. Dans la pratique wiccan, trouver et maintenir un équilibre est crucial pour la croissance personnelle, le développement spirituel et la manifestation réussie de ses intentions. Équilibrer divers aspects de la pratique wiccan, tels que les rituels, l'éthique et la croissance personnelle, peut s'avérer difficile, mais cela est essentiel pour un voyage enrichissant et significatif sur ce chemin spirituel. Cette section explorera quelques conseils essentiels pour maintenir l'équilibre dans votre pratique Wiccan.

L'un des aspects fondamentaux de la Wicca est la célébration de la Roue de l'Année, qui consiste en huit sabbats marquant le changement des saisons. Le conseil numéro un est d'observer ces fêtes avec respect et dévouement. Maintenir l'équilibre dans votre pratique Wiccan implique de vous connecter aux cycles naturels de la Terre. En célébrant les sabbats, vous vous alignez sur le flux et le reflux de la vie, garantissant que votre pratique spirituelle reste en harmonie avec les changements de saisons et l'énergie qu'elles apportent.

Un autre conseil crucial est de maintenir une approche équilibrée des sorts et des rituels. Même si les sorts peuvent être un puissant outil de manifestation, il est important de ne pas compter uniquement sur la magie pour résoudre tous vos problèmes. Les wiccans comprennent que la magie fonctionne en conjonction avec des efforts banals. Efforcez-vous d'atteindre l'équilibre en utilisant des sorts pour améliorer vos efforts, et non pour les remplacer. Cela garantit que vous restez ancré et pratique dans votre approche des défis de la vie.

Équilibrer vos principes éthiques est tout aussi vital dans la Wicca. Le troisième conseil est de suivre le Wiccan Rede, qui met l'accent sur le principe "Si cela ne fait de mal à personne, faites ce que vous voulez". Maintenir un équilibre éthique signifie faire des choix qui ne nuisent pas aux autres, à vous-même ou à l'environnement. Ce principe encourage les wiccans à réfléchir attentivement aux conséquences de leurs actes. Efforcez-vous d'être éthique dans tous les aspects de la vie, tant à l'intérieur qu'à l'extérieur de votre pratique spirituelle, pour maintenir l'harmonie et l'équilibre.

Le quatrième conseil est centré sur la croissance personnelle et le développement spirituel. Dans la Wicca, la découverte de soi et la croissance personnelle sont primordiales. Pour maintenir l'équilibre, consacrez du temps à l'introspection, à la méditation et au travail intérieur. Embrassez à la fois les aspects de lumière et d'ombre de vous-même ainsi que les expériences positives et négatives de votre vie. En recherchant l'équilibre intérieur, vous serez mieux équipé pour naviguer dans les complexités du monde extérieur.

Le conseil numéro cinq consiste à favoriser un sentiment de communauté. Bien que la Wicca mette souvent l'accent sur la pratique personnelle, il est essentiel de trouver un équilibre entre le travail solitaire et l'interaction sociale. Rejoindre ou créer un coven ou un groupe d'études peut apporter un soutien, des conseils et un sentiment d'appartenance. Équilibrez votre voyage spirituel individuel avec les expériences partagées et la sagesse des autres au sein de la communauté Wiccan.

Maintenir une connexion équilibrée avec la nature est le sixième conseil. La nature est au cœur de la spiritualité wiccan et la connexion avec le monde naturel est essentielle à l'équilibre spirituel. Passez du temps à l'extérieur, observez les cycles de la lune et honorez les éléments dans vos rituels. En forgeant un lien profond avec la nature, vous vous alignez sur les forces naturelles qui sous-tendent la pratique Wiccan.

Le conseil numéro sept vous encourage à faire preuve de flexibilité dans vos croyances et vos pratiques. Si la tradition est un aspect essentiel de la Wicca, c'est aussi un
chemin spirituel dynamique et évolutif. Équilibrez le respect de la tradition avec une volonté de s'adapter et de grandir. Explorez de nouvelles idées, rituels et pratiques qui vous intéressent tout en restant fidèle aux principes fondamentaux de la Wicca.

Le huitième conseil souligne l'importance de prendre soin de soi. Équilibrer votre bien-être physique, émotionnel et spirituel est essentiel pour une pratique harmonieuse. Donnez la priorité aux pratiques de soins personnels qui nourrissent votre corps et votre esprit, comme l'exercice régulier, la méditation, la tenue d'un journal et un repos adéquat. Un moi équilibré et sain vous permet de vous engager plus pleinement dans votre pratique Wiccan.

Enfin, le conseil numéro neuf consiste à définir des intentions et des objectifs clairs.
Maintenir l'équilibre dans votre pratique Wiccan implique de savoir ce que vous
voulez accomplir et de rester concentré sur vos objectifs. Qu'il s'agisse de croissance
personnelle, d'amélioration de compétences magiques ou d'un lien plus profond avec
le divin, définir des intentions claires guidera vos efforts et vous aidera à maintenir
l'équilibre tout au long de votre voyage spirituel.

En conclusion, la Wicca est une voie qui valorise l'équilibre, l'harmonie et
l'interconnectivité. En suivant ces conseils, vous pouvez vous assurer que votre
pratique reste équilibrée et épanouissante. Adoptez les cycles de la Roue de l'année,
maintenez des principes éthiques, concentrez-vous sur la croissance personnelle,
engagez-vous avec la communauté Wiccan, connectez-vous avec la nature, restez
flexible, donnez la priorité aux soins personnels et définissez des intentions claires.
Ces pratiques vous aideront à naviguer dans le réseau complexe de la spiritualité
Wiccan tout en restant ancré et harmonieux sur votre chemin.

Chapitre X : Éthique et responsabilité

Le Wiccan Rede et la loi du triple retour

La Wicca, un mouvement religieux païen moderne, est connue pour la diversité de ses croyances, pratiques et rituels. Deux principes fondamentaux et interconnectés au sein de la Wicca sont le Wiccan Rede et la loi du triple retour. Ces lignes directrices éthiques et spirituelles jouent un rôle important en façonnant le cadre moral des praticiens wiccans et en influençant leurs actions dans le monde.

Le Wiccan Rede, souvent exprimé par la formule « Si cela ne fait de mal à personne, faites ce que vous voulez », est un principe central de la Wicca. Il résume l'idée que les individus sont libres de poursuivre leurs désirs et leurs objectifs tant qu'ils ne nuisent pas aux autres, à eux-mêmes ou à l'environnement au cours du processus. Le Rede met l'accent sur la responsabilité personnelle et la conduite éthique, guidant les Wiccans dans leurs décisions et leurs actions. Il encourage les praticiens à réfléchir attentivement aux conséquences de leurs choix, favorisant ainsi une voie de pleine conscience et un comportement éthique.

Le Wiccan Rede promeut le concept de non-préjudice, mais il reconnaît également que le préjudice peut parfois être inévitable. Dans de tels cas, les wiccans sont encouragés à agir avec intégrité, à assumer la responsabilité de leurs actes et à chercher à réparer si un préjudice survient involontairement. Ce principe reflète la compréhension que le monde est complexe et que les décisions éthiques impliquent souvent des choix nuancés. Le Rede sert de boussole morale, guidant les Wiccans à équilibrer leurs désirs et leurs responsabilités envers les autres et le monde naturel.

La loi du triple retour, également connue sous le nom de loi triple ou de règle de trois, est un autre concept éthique important dans la Wicca. Il stipule que quelle que soit l'énergie ou l'intention qu'une personne met dans le monde, elle lui reviendra triple, amplifiant les conséquences de ses actions. Cette loi renforce l'idée que les individus sont responsables de l'énergie qu'ils projettent et de l'impact qu'ils ont sur les autres. Cela rappelle qu'un comportement éthique et des intentions positives sont essentiels dans la pratique wiccan.

La Loi du Triple Retour encourage les Wiccans à être conscients de l'énergie qu'ils génèrent à travers leurs pensées, leurs paroles et leurs actions. On pense que les actions et intentions positives apportent des bénédictions et des expériences positives dans la vie, tandis que les actions nuisibles peuvent entraîner des conséquences négatives. Cette loi renforce l'idée selon laquelle les individus ont le pouvoir de façonner leur destin à travers leurs choix, et elle sert de moyen de dissuasion contre les comportements préjudiciables en mettant en évidence les répercussions potentielles.

La relation entre le Wiccan Rede et la loi du triple retour est étroitement liée. Le Rede fournit le fondement éthique de la pratique wiccan, guidant les praticiens à faire des choix qui correspondent au principe de non-préjudice. La loi du triple retour sert de mécanisme pour renforcer l'importance du comportement éthique, car elle amplifie les conséquences des actions positives et négatives. Ces principes créent un cadre permettant aux wiccans de mener une vie intentionnelle, responsable et éthique.

Dans la pratique, le Wiccan Rede et la Loi du Triple Retour influencent divers aspects de la vie d'un Wiccan, depuis les sorts et les rituels jusqu'aux interactions quotidiennes avec les autres. Lorsqu'ils lancent des sorts ou mènent des rituels, les wiccans sont conscients des intentions derrière leurs actions, s'assurant qu'elles s'alignent sur le principe de non-préjudice de Rede. Ils considèrent également les conséquences potentielles de leurs opérations magiques, sachant que la Loi du Triple Retour peut amplifier les effets positifs ou négatifs.

Dans leur vie quotidienne, les Wiccans s'efforcent d'incarner les principes éthiques du Rede en faisant des choix qui favorisent l'harmonie et le bien-être pour eux-mêmes, pour les autres et pour l'environnement. Cela peut inclure la pratique de la gentillesse, de la compassion et de la gestion de l'environnement. Les wiccans reconnaissent également l'interdépendance de tous les êtres vivants, renforçant ainsi l'importance d'une conduite éthique dans leurs interactions avec le monde.

Il est important de noter que tous les wiccans n'acceptent pas universellement le Wiccan Rede et la loi du triple retour. Bien que ces principes soient influents dans de nombreuses traditions Wiccan, il existe une diversité au sein de la communauté Wiccan, et certains praticiens peuvent avoir des croyances ou des interprétations éthiques différentes. De plus, le degré d'adhésion des individus à ces principes peut varier, certains les considérant comme plus symboliques ou plus flexibles que d'autres.

En conclusion, le Wiccan Rede et la loi du triple retour sont des principes éthiques et spirituels fondamentaux de la Wicca. Ils guident les praticiens à mener une vie de pleine conscience, de responsabilité et de conduite éthique. Le Rede encourage le non-préjudice et la responsabilité personnelle, tandis que la loi du triple retour rappelle les conséquences de ses actes. Ensemble, ces principes créent un cadre moral qui façonne la pratique wiccan et influence la manière dont les wiccans interagissent avec le monde qui les entoure, promouvant ainsi une voie d'intentions positives et de comportement responsable.

Considérations éthiques dans le lancement de sorts

Le lancement de sorts est une pratique centrale et puissante de la Wicca, une spiritualité païenne moderne basée sur la sorcellerie. Cela implique d'exploiter et de diriger l'énergie pour manifester des intentions et des désirs. Cependant, les considérations éthiques sont cruciales dans le lancement de sorts dans la tradition wiccan. Les wiccans sont guidés par des principes éthiques qui mettent l'accent sur le non-préjudice, la responsabilité et le respect de l'interdépendance de toute vie. Dans cette section, nous explorerons les considérations éthiques qui façonnent le lancement de sorts dans la Wicca et la manière dont les praticiens gèrent de manière responsable les complexités de l'exercice du pouvoir magique.

La principale ligne directrice éthique dans le lancement de sorts Wiccan est le Wiccan Rede, qui déclare : « Si cela ne fait de mal à personne, faites ce que vous voulez ». Ce principe souligne l'importance du non-préjudice en tant que principe fondamental de la pratique wiccan. Les praticiens sont encouragés à considérer les conséquences potentielles de leurs opérations magiques sur eux-mêmes, sur les autres et sur l'environnement. Les lanceurs de sorts éthiques prennent grand soin de s'assurer que leurs intentions et leurs actions ne causent pas de préjudice ou n'empiète pas sur le libre arbitre d'autrui. Ce principe sert de boussole morale, guidant les Wiccans à aligner leur travail magique sur des résultats positifs et constructifs.

Le respect du libre arbitre est une autre considération éthique cruciale dans le lancement de sorts. Les wiccans croient en l'importance de l'autonomie individuelle et du droit de faire des choix sans influence indue. Lorsqu'ils lancent des sorts impliquant d'autres personnes, comme des sorts d'amour ou de guérison, les praticiens éthiques cherchent à influencer uniquement avec le consentement et l'accord des personnes impliquées. Tenter de manipuler ou de contrôler la volonté d'une autre personne par la magie est considéré comme contraire à l'éthique et comme une violation du Wiccan Rede.

En plus de respecter le libre arbitre, le lancement de sorts éthique dans la Wicca implique d'assumer la responsabilité de ses actes et de leurs conséquences. Les praticiens comprennent que la magie est un outil qui amplifie l'intention et l'énergie. Par conséquent, ils sont conscients de l'impact potentiel de leurs sorts et reconnaissent qu'ils sont responsables des résultats attendus et imprévus. Si un préjudice survient à la suite d'un sort, les wiccans éthiques prennent des mesures pour faire amende honorable et rectifier la situation au mieux de leurs capacités.

De plus, le lancement de sports éthiques dans la Wicca implique un profond respect pour le monde naturel et l'environnement. Les Wiccans croient en l'interdépendance de toute vie et reconnaissent leur rôle de gardiens de la Terre. Les sorts qui nuisent à l'environnement ou exploitent ses ressources sont considérés comme contraires à l'éthique. Au lieu de cela, les wiccans se concentrent sur des sports qui favorisent la durabilité écologique, la guérison et l'équilibre. Cette position éthique s'aligne sur la croyance païenne plus large dans le caractère sacré de la Terre et la nécessité de la protéger et de la préserver.

La loi du triple retour, souvent appelée la règle des trois, est une autre considération éthique dans le lancement de sorts wiccan. Il stipule que quelle que soit l'énergie ou l'intention qu'une personne met dans le monde, elle lui reviendra triple, amplifiant les conséquences de ses actions. Cette loi renforce l'importance du comportement éthique, car elle suggère que les actions positives et négatives auront des effets amplifiés. Les lanceurs de sorts éthiques comprennent que leurs intentions et leurs actions peuvent leur revenir, et ils s'efforcent d'envoyer une énergie et des intentions positives pour assurer un retour bénéfique.

Le moment choisi pour lancer des sorts est également une considération éthique dans la Wicca. Les wiccans sont attentifs aux phases de la lune et aux cycles de la nature lorsqu'ils exécutent des sorts. Certains pensent que travailler contre le flux naturel d'énergie peut avoir des conséquences inattendues, tandis que d'autres considèrent l'alignement sur les rythmes naturels comme un moyen d'améliorer l'efficacité de leur magie. Quelles que soient les croyances individuelles, les lanceurs de sorts éthiques choisissent le moment de leurs sorts de manière réfléchie et conformément à leurs intentions.

Dans certains cas, des considérations éthiques liées au lancement de sorts peuvent conduire les wiccans à s'abstenir complètement de certains types de magie. Par exemple, les sortilèges ou les malédictions, destinés à nuire ou à entraîner des conséquences négatives sur autrui, sont généralement découragés dans la pratique wiccan. Les wiccans éthiques croient que de telles actions violent le Wiccan Rede et le principe de non-préjudice, causant potentiellement également un préjudice au lanceur de sorts. Au lieu de cela, les praticiens se concentrent sur la magie constructive qui favorise la guérison, la protection, la croissance personnelle et le changement positif.

En conclusion, les considérations éthiques font partie intégrante du lancement de sorts dans la Wicca. Le Wiccan Rede, le respect du libre arbitre, la responsabilité, le respect de l'environnement et la loi du triple retour façonnent tous le cadre éthique dans lequel les Wiccans opèrent leur magie. Les lanceurs de sorts éthiques donnent la priorité au non-préjudice, au consentement, à la responsabilité et aux intentions positives dans leur pratique. En adhérant à ces principes éthiques, les Wiccans visent à créer une relation harmonieuse et responsable avec les forces mystiques qu'ils

exploitent, garantissant que leur magie sert le bien commun et s'aligne sur leurs
valeurs spirituelles.

Être responsable dans votre pratique magique

La Wicca, une spiritualité païenne moderne basée sur la sorcellerie, met fortement
l'accent sur la responsabilité personnelle dans la pratique magique. Dans la tradition
wiccan, la magie est considérée comme un outil de transformation, de manifestation et
de connexion avec le divin. Cependant, exercer un pouvoir magique s'accompagne de
considérations éthiques et morales. Être responsable dans votre pratique magique de
la Wicca n'est pas seulement une suggestion ; c'est un principe fondamental qui guide
la conduite éthique des praticiens. Cette section explorera l'importance de la
responsabilité dans la magie Wiccan et comment elle se manifeste dans divers aspects
de la pratique.

Au cœur d'une pratique magique responsable dans la Wicca se trouve la
compréhension que la magie n'est pas un jouet ou un moyen d'exercer un pouvoir sur
les autres. Il s'agit plutôt d'une pratique sacrée et profonde qui exige le respect des
forces à l'œuvre dans l'univers. Le Wiccan Rede, souvent exprimé par la formule
« Pour que cela ne nuise à personne, faites ce que vous voulez », résume la principale
ligne directrice éthique pour une pratique magique responsable. Ce principe encourage
les praticiens à considérer les conséquences potentielles de leurs actions et intentions,
tant pour eux-mêmes que pour les autres. Il souligne l'importance du non-préjudice et
sert de boussole morale, guidant les Wiccans dans leurs choix éthiques dans leur
travail magique.

Une pratique magique responsable implique également de reconnaître
l'interdépendance de toute vie. Les wiccans croient que tout dans l'univers est
connecté et que leurs actions magiques peuvent se répercuter sur la toile de l'existence.
Cette interdépendance renforce l'idée selon laquelle la magie responsable devrait
promouvoir l'harmonie et l'équilibre, plutôt que de les perturber. Les praticiens sont
encouragés à être conscients de la manière dont leurs effets magiques affectent le
monde naturel, les autres êtres vivants et les royaumes spirituels.

Un aspect de la responsabilité dans la pratique magique est le concept de
responsabilité personnelle. Les wiccans comprennent que la magie est le reflet de leurs
intentions et de leur volonté. Lorsqu'ils lancent des sorts ou accomplissent des rituels,
ils assument la responsabilité de l'énergie qu'ils libèrent dans l'univers. Cela signifie
être conscient des résultats attendus de leur magie et des conséquences potentielles. Si
un préjudice survient suite à leur travail magique, les praticiens responsables sont prêts
à prendre des mesures pour réparer et rectifier la situation au mieux de leurs capacités.

Une pratique magique responsable s'étend également à l'utilisation d'outils et de symboles magiques. Les wiccans travaillent avec divers outils, tels que des athames, des baguettes et des pentacles, ainsi qu'avec des symboles comme des runes et des sceaux. Ces outils sont considérés comme sacrés et leur utilisation doit être abordée avec respect et responsabilité. Les praticiens comprennent que ces outils sont des conduits d'énergie et doivent être utilisés avec une intention claire et dans le respect de leur symbolisme. Une mauvaise utilisation ou un manque de respect de ces outils peut avoir des conséquences négatives dans la pratique magique.

Le timing est un autre aspect de la pratique magique responsable. Les wiccans prennent souvent en compte les phases de la lune, les alignements planétaires et les changements saisonniers lorsqu'ils exécutent des sorts et des rituels. Aligner son travail magique sur ces cycles naturels est considéré comme responsable car il exploite l'énergie de l'univers de manière harmonieuse. Les praticiens comprennent que travailler contre le flux naturel d'énergie peut avoir des conséquences inattendues, c'est pourquoi ils choisissent soigneusement le moment où ils effectuent leurs actions magiques.

Une pratique magique responsable inclut également des considérations éthiques lorsqu'il s'agit de lancer des sorts pour les autres. Les pratiquants sont prudents lorsqu'ils lancent des sorts au nom d'autrui, car cela implique d'influencer la volonté et les choix des autres. Les wiccans éthiques recherchent le consentement et l'accord des individus impliqués lorsqu'ils exécutent des sorts qui les affectent. Tenter de manipuler ou de contrôler la volonté d'une autre personne par la magie est considéré comme contraire à l'éthique et comme une violation du Wiccan Rede.

De plus, une pratique magique responsable implique de maintenir un équilibre entre les aspects banals et magiques de la vie. Les wiccans comprennent que la magie ne remplace pas la prise d'actions pratiques et concrètes pour atteindre leurs objectifs. Même si la magie peut améliorer et soutenir leurs efforts, elle ne remplace pas la responsabilité et les efforts personnels. Les praticiens responsables ne s'appuient pas uniquement sur la magie pour résoudre tous leurs problèmes mais l'utilisent comme un outil complémentaire dans leur cheminement.

Un autre aspect de la responsabilité dans la pratique magique est l'apprentissage et la croissance continue. La Wicca est une voie spirituelle qui encourage la découverte de soi et le développement personnel. Les praticiens responsables investissent du temps dans l'étude, l'approfondissement de leur compréhension des traditions magiques et l'élargissement de leurs connaissances des différentes pratiques magiques. Cet engagement continu envers l'apprentissage les aide à affiner leurs compétences magiques et à faire des choix plus éclairés dans leur pratique.

En conclusion, être responsable dans votre pratique magique de la Wicca est essentiel pour un lancement de sorts et un travail rituel éthique et efficace. La responsabilité englobe un profond respect pour le caractère sacré de la magie, un engagement à ne pas nuire, la responsabilité des conséquences de ses actes, le respect des outils et symboles magiques, un timing attentif, des considérations éthiques dans le lancement de sorts pour autrui, un équilibre entre la magie et les efforts pratiques, et un engagement pour l'apprentissage et la croissance continus. En adoptant ces principes de responsabilité, les Wiccans s'efforcent de créer une relation harmonieuse et éthique avec les forces de la magie et le réseau interconnecté de l'existence, garantissant que leur pratique magique s'aligne sur leurs valeurs et objectifs spirituels.

Conclusion

En conclusion, "Wiccan Spellcraft: Embrace the Craft - Wiccan Spells and Rituals for Manifestation and Transformation" explore le monde complexe et enrichissant de la magie Wiccan, offrant un aperçu des pratiques, croyances et principes qui sous-tendent cette tradition spirituelle. Tout au long de cet ebook, nous avons approfondi les différents aspects des sports et rituels wiccans, en comprenant leur but, leur symbolisme et leur signification. Qu'il s'agisse de lancer des cercles, d'invoquer des divinités, du travail avec des herbes et des cristaux ou de s'aligner sur les rythmes naturels de la Terre, les sorts et rituels Wiccan sont un moyen puissant de manifester des intentions et de favoriser la transformation personnelle.

Au cœur de la magie Wiccan se trouve le principe de responsabilité et d'éthique, qui met l'accent sur l'importance du non-préjudice, de la responsabilité et du respect de l'interdépendance de toute vie. Le Wiccan Rede, avec son message central « Que cela ne fasse de mal à personne, faites ce que vous voulez », sert de guide aux praticiens, leur rappelant leurs obligations éthiques et les conséquences de leurs actes.

De plus, nous avons exploré comment les sorts et rituels wiccans ne sont pas simplement un moyen d'exercer un pouvoir surnaturel, mais aussi un moyen de s'aligner sur les forces naturelles de l'univers. En travaillant en harmonie avec les cycles de la lune, les saisons et les éléments, les wiccans puisent dans la sagesse ancienne qui les relie à la Terre et au cosmos.

Le concept de transformation était un autre thème central de notre exploration. La Wicca reconnaît l'importance de la croissance personnelle et de la découverte de soi, et les sorts et rituels sont de puissants outils pour initier le changement, la guérison et l'évolution spirituelle. Que ce soit par la méditation, la divination ou la connexion avec le divin, les Wiccans adoptent l'artisanat pour apporter une transformation positive dans leur vie.

De plus, nous avons approfondi l'idée de communauté et l'importance des conventions et des pratiquants solitaires au sein de la tradition wiccan. Alors que certains wiccans trouvent réconfort et soutien dans un clan, d'autres s'épanouissent dans une pratique solitaire, chacune offrant des opportunités uniques de croissance spirituelle et de connexion.

En fin de compte, "Wiccan Spellcraft: Embrace the Craft - Wiccan Spells and Rituals for Manifestation and Transformation" souligne la nature profonde et diversifiée de la magie Wiccan. C'est un chemin qui encourage les individus à explorer leur monde

intérieur, à nouer des liens avec le divin et à travailler à une existence harmonieuse
avec le monde naturel. Que l'on soit attiré par les mystères du pentacle, le symbolisme
des éléments ou le pouvoir de la déesse et du dieu, la Wicca offre une riche tapisserie
de pratiques dans lesquelles s'engager et s'engager.

En conclusion, les sorts et rituels Craft of Wiccan sont un voyage dynamique et en
constante évolution de découverte de soi, de transformation et de connexion
spirituelle. C'est une voie qui encourage la responsabilité personnelle, une conduite
éthique et un profond respect pour le réseau interconnecté de l'existence. En adoptant
l'Artisanat, les Wiccans se lancent dans un voyage sacré et transformateur, cherchant à
manifester leurs intentions, à exploiter le pouvoir de l'univers et, finalement, à trouver
l'équilibre, l'harmonie et l'illumination dans leur vie.